AF090514

Kohlhammer

Brennpunkt Schule

Hrsg. von Fred Berger, Doris Lindner, Wilfried Schubarth, Sebastian Wachs und Alexander Wettstein

Schule ist nicht nur Unterricht. Das Miteinander von Schülerinnen und Schülern, Eltern sowie Lehrerinnen und Lehrern ist entscheidend für gelingendes Lernen und ein gutes Schulklima. Was in der Schule auch außerhalb des Klassenzimmers allen Beteiligten auf den Nägeln brennt, wird in dieser Reihe zum Thema.

Eine Übersicht aller lieferbaren und im Buchhandel angekündigten Bände der Reihe finden Sie unter:

 https://shop.kohlhammer.de/brennpunkt-schule

Die AutorInnen

Dr. Marion Scherzinger und Prof. Dr. Alexander Wettstein forschen und dozieren seit einigen Jahren an der Pädagogischen Hochschule Bern zu sozialen Interaktionen, sozialen Beziehungen, Unterrichtsstörungen und Aggression.

Marion Scherzinger/
Alexander Wettstein

Beziehungen in der Schule gestalten

Für ein gelingendes Miteinander

Verlag W. Kohlhammer

Dieses Werk einschließlich aller seiner Teile ist urheberrechtlich geschützt. Jede Verwendung außerhalb der engen Grenzen des Urheberrechts ist ohne Zustimmung des Verlags unzulässig und strafbar. Das gilt insbesondere für Vervielfältigungen, Übersetzungen, Mikroverfilmungen und für die Einspeicherung und Verarbeitung in elektronischen Systemen.

Die Wiedergabe von Warenbezeichnungen, Handelsnamen und sonstigen Kennzeichen in diesem Buch berechtigt nicht zu der Annahme, dass diese von jedermann frei benutzt werden dürfen. Vielmehr kann es sich auch dann um eingetragene Warenzeichen oder sonstige geschützte Kennzeichen handeln, wenn sie nicht eigens als solche gekennzeichnet sind.

Es konnten nicht alle Rechtsinhaber von Abbildungen ermittelt werden. Sollte dem Verlag gegenüber der Nachweis der Rechtsinhaberschaft geführt werden, wird das branchenübliche Honorar nachträglich gezahlt.

Dieses Werk enthält Hinweise/Links zu externen Websites Dritter, auf deren Inhalt der Verlag keinen Einfluss hat und die der Haftung der jeweiligen Seitenanbieter oder -betreiber unterliegen. Zum Zeitpunkt der Verlinkung wurden die externen Websites auf mögliche Rechtsverstöße überprüft und dabei keine Rechtsverletzung festgestellt. Ohne konkrete Hinweise auf eine solche Rechtsverletzung ist eine permanente inhaltliche Kontrolle der verlinkten Seiten nicht zumutbar. Sollten jedoch Rechtsverletzungen bekannt werden, werden die betroffenen externen Links soweit möglich unverzüglich entfernt.

1. Auflage 2022

Alle Rechte vorbehalten
© W. Kohlhammer GmbH, Stuttgart
Gesamtherstellung: W. Kohlhammer GmbH, Heßbrühlstr. 69, 70565 Stuttgart
produktsicherheit@kohlhammer.de

Print:
ISBN 978-3-17-037970-1

E-Book-Formate:
pdf: ISBN 978-3-17-037971-8
epub: ISBN 978-3-17-037972-5

Inhalt

1	Einleitung	9

Teil I	Beziehung zwischen Lehrperson und Schülerinnen und Schülern	

2	Die Beziehung als soziale Basis von Lernen und Lehren	17
2.1	Die Bedeutung der pädagogischen Beziehung für Lernende und Lehrende	18
2.2	Asymmetrie und Rollenspezifität der pädagogischen Beziehung	20
2.2.1	Rollenbeziehungen im Unterricht	21
2.2.2	(A)Symmetrie und Reziprozität in der pädagogischen Beziehung	22
2.3	Bedürfnisse von Lernenden und Verantwortung von Lehrenden	24
2.4	Zusammenfassung	25

3	Beziehung zwischen Lehrperson und Schülerinnen und Schülern gestalten	27
3.1	Das Kind in seiner Individualität anerkennen	29
3.1.1	Erster Eindruck und soziale Kategorisierung	30
3.1.2	Erwartungen	31
3.1.3	Einmaligkeit und Individualität von Schülerinnen und Schülern anerkennen	33
3.2	Anerkennung	34

3.3	Vertrauen	37
3.4	Emotionale Unterstützung	39
3.5	Zusammenfassung	41
4	**Zum Verhältnis von pädagogischer Beziehung und Klassenführung**	**42**
4.1	Pädagogische Autorität und Klassenführung	43
4.2	Ehrlich, authentisch und humorvoll	46
4.3	Erfolgreiche Klassenführung und Unterrichtsgestaltung	48
4.3.1	Schülerinnen und Schüler fordern und etwas zutrauen	49
4.3.2	Klare Erwartungen, Regeln und Rituale	50
4.4	Beziehungsorientierte Klassenführung	52
4.5	Zusammenfassung	53

Teil II Beziehungen in der Schulklasse

5	**Beziehungen zwischen den Schülerinnen und Schülern**	**57**
5.1	Sozial-emotionale Entwicklung	58
5.1.1	Aggressives Verhalten	60
5.1.2	Schüchternheit und soziale Ängste	65
5.1.3	Förderung sozial-emotionaler Fertigkeiten	67
5.2	Freundschaftsbeziehungen von Kindern und Jugendlichen	70
5.3	Konflikte unter Schülerinnen und Schülern	73
5.4	Zusammenfassung	77

6 Zugehörigkeitsgefühl und Klassengemeinschaft — 78

6.1	Die Schulklasse als Gruppe	79
6.1.1	Formelle und informelle Gruppen	80
6.1.2	Gruppennormen	82
6.1.3	Gruppenbildung und -entwicklung	83
6.1.4	Gruppenstrukturen	85
6.2	Sozialer Einfluss und Konformität	90
6.2.1	Beiläufiger Einfluss	90
6.2.2	Absichtlicher Einfluss	92
6.3	Zusammenhalt und Kooperation	93
6.3.1	Soziale Ausgrenzung und Integration	94
6.3.2	Kooperatives Lernen	98
6.4	Mobbing vorbeugen und verhindern	100
6.4.1	Systematisch und wiederholt gegen Schwächere	101
6.4.2	Cybermobbing	102
6.4.3	Mobbing ist kein Konflikt	103
6.4.4	Weshalb Lehrpersonen oft nichts unternehmen	103
6.4.5	Mobbing wirksam begegnen	105
6.4.6	Mobbing vorbeugen	107
6.5	Zusammenfassung	108

Teil III Beziehung zwischen Lehrpersonen und Eltern

7 Die Beziehung zu den Eltern gestalten — 113

7.1	Die Vielfalt der Familien	114
7.1.1	Vielfalt an Lebens- und Familienformen	115
7.1.2	Familien aus unterschiedlichen Herkunftskulturen und Bevölkerungsschichten	116

7.2	Erziehungs- und Bildungspartnerschaft	119
7.3	Dialog mit den Eltern	122
7.3.1	Asymmetrie und unterschiedliche Perspektiven	123
7.3.2	Elterngespräche gestalten	125
7.3.3	Herausfordernde Gespräche und Probleme	126
7.4	Zusammenfassung	128

8 Beziehungen zwischen Lehrperson, Schülerinnen und Schülern sowie Eltern gestalten   **129**

Literatur   **135**

1

Einleitung

In der Schule lernen Kinder und Jugendliche nicht nur die Kulturtechniken Lesen, Schreiben und Rechnen, sondern Schule ist auch ein Ort der Begegnungen und des sozialen und informellen Lernens. Schülerinnen und Schüler verbringen insgesamt bis zu 15.000 Stunden in der Schule. Sie werden durch Lehrpersonen und Mitschülerinnen und -schüler geprägt und entwickeln sich durch soziale Interaktionen. Die Schule stellt somit neben der Familie eine zentrale Sozialisationsinstanz für Kinder und Jugendliche dar (Fend, 2008).

Wie wichtig soziale Beziehungen und die Schule als sozialer Ort und Ort der Begegnung für Kinder und Jugendliche sind, hat in jüngster Zeit auch die COVID-19-Pandemie verdeutlicht (vgl. Schubarth, 2020). In Zusammenhang mit der Schulschließung und den

1 Einleitung

Kontaktbeschränkungen zeigte sich, die Schülerinnen und Schüler vermissten die Schule, ihre Freundinnen und Freunde, ihre Klasse und ihre Lehrpersonen. Die DJI-Studie »Kindsein in Zeiten von Corona« (Langmeyer, Guglhör-Rudan, Naab, Urlen & Winklhofer, 2020) hat ergeben, dass sich gemäß Aussagen der Eltern rund ein Viertel der Kinder und Jugendlichen im Alter von 3 bis 15 Jahren in Deutschland in der ersten Zeit der Corona-Pandemie im Jahr 2020 einsam fühlten und auch kaum oder wenig Kontakt zu ihren Lehrpersonen hatten.

Für das Wohlbefinden und die psychische Gesundheit von Schülerinnen und Schülern und auch für das Lernen und Lehren bilden qualitativ hochwertige Beziehungen eine zentrale Grundlage. Studien belegen, dass positive Beziehungen zu den Lehrpersonen mit der Lernmotivation der Schülerinnen und Schüler (Stipek, 2004; Wentzel, 2010; Wentzel & Wigfield, 2009), ihren schulischen Leistungen (Davidson, Gest & Welsh, 2010; Hughes 2012; Pianta, Hamre & Stuhlman, 2003), der sozialen Entwicklung (Davis, 2003; Roorda, Koomen, Spilt & Oort, 2011) wie auch weniger Verhaltensproblemen (Davis, 2003; Obsuth et al., 2017; Pianta, 2006; Wentzel, 2002) einhergehen. Schülerinnen und Schüler verhalten sich prosozialer und weniger aggressiv, wenn sie gute Beziehungen zu ihren Lehrpersonen haben (Obsuth et al., 2017). Zudem mindern positive Beziehungen Unterrichtsstörungen und beugen diesen vor (Helsper & Hummrich, 2014; Wettstein & Scherzinger, 2022). Auch für Lehrpersonen zeigen sich positive Effekte, so sind Lehrpersonen mit positiven Beziehungen zu ihren Schülerinnen und Schülern zufriedener mit ihrem Beruf (Hayer, Scheithauer & Petermann, 2005) und haben weniger Burnout (Chang, 2009; Friedman, 2006; Spilt, Koomen & Thijs, 2011).

Menschen sind soziale Wesen und haben ein Grundbedürfnis nach sozialer Eingebundenheit und Dazugehörigkeit (Baumeister & Leary, 1995; Raufelder, 2018). Die Befriedigung dieses Bedürfnisses nach sozialer Einbindung ist zentral für die intrinsische Motivation und das Lernen von Schülerinnen und Schülern (Deci & Ryan, 1985; 2014). Die sozialen Beziehungen in der Schule und ihre Qualität spielen hierfür eine entscheidende Rolle, da die Kinder und Jugendlichen sehr viel Zeit in der Schule verbringen. Soziale Interaktionen und Beziehungen können die Entwicklung und Motivation der Kinder und Jugendlichen fördern, aber auch hemmen. Denken und Lernen sind mit Emotionen eng verknüpft (Ciompi, 2016), daher ist eine angstfreie Atmosphäre, in der man sich anerkannt und respektiert fühlt, für das Lernen grundlegend.

Beziehungen entstehen und entwickeln sich über die Zeit, ausgehend von sozialen Interaktionen und Erfahrungen im Unterricht. Daher ist es wichtig, dass sich Lehrpersonen Zeit für den Beziehungsaufbau nehmen und die pädagogische Beziehung wie auch die Peerbeziehungen aktiv gestalten, deren Aufbau fördern und pflegen. Lehrpersonen können die Beziehungen unter den Schülerinnen und Schülern positiv beeinflussen, indem sie eine Klassenkultur schaffen, in welcher sich Schülerinnen und Schüler wohlfühlen, gegenseitig unterstützen und motivieren. Dies ist besonders deshalb wichtig, da sich Schülerinnen und Schüler ihre Schulklasse nicht selbst aussuchen und diese auch nicht einfach wechseln können. Sie besuchen in dieser Gruppenkonstellation über längere Zeit die Schule und können sozialen Interaktionen und Beziehungen nicht ausweichen, weshalb sie sich in der Klasse arrangieren müssen. Daher haben Lehrpersonen nicht nur die Aufgabe, sich um die Beziehung zu ihren Schülerinnen und Schülern zu bemühen, sondern auch Einfluss auf diese Beziehungen zu nehmen und dafür zu sorgen, dass Kinder und Jugendliche nicht ausgeschlossen, schikaniert oder gemobbt werden.

Darüber hinaus kommt Lehrpersonen eine zentrale Rolle in der Prävention von Unterrichtsstörungen zu. Wichtig ist, dass sich Lehrpersonen dabei nicht auf Aspekte konzentrieren, die sie nicht oder kaum beeinflussen können, wie z. B. genetische, familiäre oder kulturelle Faktoren der Schülerinnen und Schüler, sondern dass sie dort ansetzen, worauf sie Einfluss nehmen und etwas verändern können. So beispielsweise, indem sie den Unterricht störungspräventiv gestalten, positive Beziehungen aufbauen und pflegen und die Klasse führen. Die Hattie-Studie (2013) hat gezeigt,

1 Einleitung

dass Lehrpersonen einen großen Einfluss auf die kognitive, emotionale und soziale Entwicklung ihrer Schülerinnen und Schüler haben. Bis zu 30 % der Unterschiede in den schulischen Leistungen von Schülerinnen und Schülern sind auf die Lehrperson zurückzuführen, während schulisch-strukturelle Merkmale nur 5 bis 10 % der Unterschiede in den schulischen Leistungen erklären. Zu den Hauptfaktoren, die für diese Unterschiede verantwortlich sind, gehören eine positive Beziehung zwischen Lehrperson und Schülerinnen und Schülern, eine störungspräventive Klassenführung und ein anregend gestalteter und kognitiv aktivierender Unterricht. Für den Lernerfolg von Schülerinnen und Schülern ist demnach entscheidender, bei welcher Lehrperson sie den Unterricht besuchen, als in welche Schule sie gehen.

Mit dem Fokus auf soziale Beziehungen in der Schule sollten auch die Eltern miteinbezogen werden, da sie die primäre Sozialisationsinstanz und für die Kinder und Jugendlichen von großer Bedeutung sind. Eine wertschätzende, respektvolle und vertrauensvolle Beziehung zwischen Schule und Familie bildet die Grundlage für die Zusammenarbeit, welche die Unterstützung und Förderung der Entwicklung und des Lernens der Schülerinnen und Schüler zum Ziel hat.

Das vorliegende Buch ist in drei Teile gegliedert. Im ersten Teil (Kapitel 2 bis 4) widmen wir uns der Beziehung und den sozialen Interaktionen zwischen Lehrpersonen und Schülerinnen und Schülern. *Kapitel 2* thematisiert grundlegende Aspekte der pädagogischen Beziehung zwischen Lehrpersonen und ihren Schülerinnen und Schülern und was diese auszeichnet (▶ Kap. 2). Es wird u. a. aufzeigt, welche Wichtigkeit der Beziehung für das Lehren und Lernen zukommt und was das asymmetrische Verhältnis von Lehrperson und Schülerinnen und Schülern sowie die komplementären Rollen im Unterricht für die Beziehungsgestaltung bedeuten.

In *Kapitel 3* stehen der Aufbau und die Gestaltung der pädagogischen Beziehung im Fokus (▶ Kap. 3). Auf der sozialen Ebene des Unterrichts sollen sich Lehrpersonen und Schülerinnen und Schüler als Menschen auf Augenhöhe begegnen. Die Anerkennung der Kinder und Jugendlichen als Individuen und als Menschen bildet die Grundlage für ein wertschätzendes, vertrauensvolles und respektvolles Verhältnis. Sie sollen sich ernstgenommen, akzeptiert und wertgeschätzt fühlen.

Kapitel 4 setzt sich mit dem Verhältnis von Beziehung, Autorität und Klassenführung auseinander (▶ Kap. 4). Einige Lehrpersonen bauen positive Beziehungen zu ihren Schülerinnen und Schülern auf, ohne allerdings die Klasse zu führen, während andere Lehrpersonen ihre Klasse zwar führen, allerdings die Beziehungen zu ihren Schülerinnen und Schülern vernachlässigen oder sich ihnen gegenüber gar unfreundlich verhalten oder sie bloßstellen. Beides ist für den Unterricht und das Lernen wenig förderlich. Eine qualitativ hochwertige Beziehung und eine effektive Klassenführung schließen sich nicht gegenseitig aus, im Gegenteil: Eine positive pädagogische Beziehung bildet die soziale Basis für den Unterricht und eine effektive Klassenführung.

Im zweiten Teil des Buches (Kapitel 5 und 6) widmen wir uns den Beziehungen und Interaktionen zwischen den Schülerinnen und Schülern und der Schulklasse als Gruppe. Dabei werden in *Kapitel 5* die sozial-emotionale Entwicklung von Kindern und Jugendlichen, Freundschaftsbeziehungen und Konflikte unter Kindern und Jugendlichen thematisiert (▶ Kap. 5).

In *Kapitel 6* stehen die Schulklasse als Gruppe und die damit verbundenen Gruppenprozesse im Zentrum (▶ Kap. 6). Wir zeigen auf, was die Klasse als Gruppe auszeichnet, wie die Gruppe das Individuum beeinflusst und welche Bedeutung Gruppennormen zukommt. Da Menschen ein Grundbedürfnis nach Zugehörigkeit haben, beschäftigen wir uns auch mit sozialer Integration und Ausgrenzung sowie mit dem Gruppenphänomen des Mobbings.

Im dritten und letzten Teil dieses Buches steht die Beziehung zwischen Lehrpersonen und Eltern, d. h. die Erziehungs- und Bildungspartnerschaft im Zentrum. *Kapitel 7* widmet sich der Beziehungsgestaltung und Zusammenarbeit mit den Eltern (▶ Kap. 7). Ziel dieser Zusammenarbeit sind das Wohl der Kinder und Jugend-

1 Einleitung

lichen und die Unterstützung und Förderung einer möglichst optimalen Entwicklung. Grundlage für die Kooperation zwischen Schule und Elternhaus bildet eine wertschätzende, vertrauensvolle und respektvolle Beziehung, eine sogenannte Partnerschaft zwischen Lehrpersonen und Eltern.

Kapitel 8 widmet sich abschließend der Beziehungstrias von Kind bzw. Jugendlicher oder Jugendlichem, Eltern und Lehrpersonen (▶ Kap. 8). In diesem Schlusskapitel werden die zentralen Inhalte des Buches zusammengefasst und zusammengeführt.

Teil I

Beziehung zwischen Lehrperson und Schülerinnen und Schülern

2

Die Beziehung als soziale Basis von Lernen und Lehren

»Die Asymmetrie des Pädagogischen ist immer zurückgebunden an eine Symmetrie des Sozialen. Die Ungleichheit von Erzieher und Edukand gründet in ihrer Gleichheit als Menschen« (Herzog, 2006, S. 514).

In der Schule verbringen Lehrpersonen und Schülerinnen und Schüler viel Zeit miteinander. Lehrpersonen prägen ihre Schülerinnen und Schüler. Wir erinnern uns an Lehrpersonen, die wir als Vorbilder erlebten, mit denen wir uns identifizierten und zu denen wir gerne in die Schule gingen. Andere Lehrpersonen blieben uns vielleicht in Erinnerung, weil wir Demütigung oder Ausgrenzung erfuhren.

Soziale Beziehungen entstehen und entwickeln sich durch die täglichen sozialen Interaktionen im Unterricht. Sie konstituieren sich über gegenseitige Wahrnehmung, doppelte Kontingenz und Reziprozität (Gouldner, 1984; Malinowski, 2001) und zeichnen sich durch Dauerhaftigkeit und Geschichtlichkeit aus. Die sozialen Interaktionen und Erfahrungen bilden die Basis für die Entstehung einer Beziehung und beeinflussen auch deren Qualität.

Als soziale Interaktion wird das aufeinander bezogene Handeln zweier oder mehrerer Personen verstanden (Goffman, 1971; Mummendey, Linneweber & Löschper, 1984). Menschen versuchen, in sozialen Interaktionen ihre Handlungen durch die absichtliche Übermittlung von Information sowohl verbal als auch nonverbal zu koordinieren und gleichzeitig auch andere zu beeinflussen (Käsermann & Foppa, 2002; Schilbach, 2015). So kann eine Lehrerin nonverbal z.B. mit wohlwollendem Blick und Gestik einen schüchternen Schüler ermutigen, auf eine Frage zu antworten, oder mit einem ermahnenden Blick eine schwatzende Schülerin daran erinnern, weiterzuarbeiten.

Im Folgenden werden wir im ersten Teil dieses Kapitels aufzeigen, welche Bedeutung der Beziehung zwischen Lehrpersonen und ihren Schülerinnen und Schülern im Kontext von Unterricht zukommt. Im zweiten Teil stehen die Asymmetrie und die Rollenspezifität der pädagogischen Beziehung im Fokus, da Lehrpersonen eine andere Rolle und Verantwortung im Unterricht haben als ihre Schülerinnen und Schüler. Im dritten Teil wird aufgezeigt, welche Bedürfnisse Schülerinnen und Schüler haben und welche Bedeutung der Beziehung zur Lehrperson für ihre Motivation und das Lernen zukommt.

2.1 Die Bedeutung der pädagogischen Beziehung für Lernende und Lehrende

Die Beziehung zwischen Lehrperson und Schülerinnen und Schülern ist sowohl eine wichtige Grundlage für das schulische Wohl-

2 Die Beziehung als soziale Basis von Lernen und Lehren

befinden und die psychische Gesundheit von Schülerinnen und Schülern (Harding et al., 2019; Kidger, Araya, Donovan & Gunnell, 2012) als auch für erfolgreiches Lernen und Lehren (Pianta et al., 2003; Wentzel, 2012). Verschiedene Studien haben gezeigt, dass eine gute Beziehung zwischen der Lehrperson und ihren Schülerinnen und Schülern, die sich durch Nähe, Sicherheit, Vertrauen und Unterstützung auszeichnet (Wentzel, 2012), mit einer höheren Lernmotivation (Wentzel, 2010) und besseren schulischen Leistungen (Pianta, Hamre & Stuhlman, 2003) sowie einer positiveren psychosozialen Entwicklung einhergehen (Davis, 2003; Obsuth et al., 2017; Pianta, 2006; Wentzel, 2002). Eine qualitativ wenig hochwertige Beziehung zur Lehrperson wirkt sich hingegen negativ auf das Befinden der Schülerinnen und Schüler wie auch auf ihre schulischen Leistungen aus (Roorda et al., 2011).

Auch für das Wohlbefinden und die Berufszufriedenheit von Lehrpersonen sind positive Beziehungen zu ihren Schülerinnen und Schülern wichtig. Studien haben gezeigt, dass Lehrpersonen mit qualitativ hochwertigen Beziehungen zu ihren Schülerinnen und Schülern in ihrem Beruf zufriedener und weniger häufig von Burnout betroffen sind (Chang, 2009; Friedman, 2006; Spilt et al., 2011). Die Erfüllung des Bedürfnisses von Lehrpersonen nach Verbundenheit mit ihren Schülerinnen und Schülern führt zu einem höheren Engagement (Klassen et al., 2012) und positiven Emotionen (Hagenauer, Hascher & Volet, 2015; Klassen, Perry & Frenzel, 2012). Diese Ergebnisse sind deshalb relevant, weil gesunde Lehrpersonen besser in der Lage sind, eine positive Beziehung zu ihren Schülerinnen und Schülern aufzubauen und ein positives sowie unterstützendes Klassenklima zu schaffen (Harding et al., 2019). Ein unterstützendes Klassenklima stellt in der Unterrichtsforschung neben der Klassenführung und der kognitiven Aktivierung ein zentrales Qualitätsmerkmal von Unterricht dar (z. B. Klieme et al., 2006). Es geht dabei v. a. um die Interaktionen zwischen Lehrperson und Schülerinnen und Schülern (z. B. die emotionale Unterstützung) (Klieme & Rakoczy, 2008). Unterstützende Lehrpersonen zeigen Sensitivität für Probleme ihrer Schülerinnen und

Schüler und können sich in sie hineinversetzen. Sie verhalten sich ihnen gegenüber respektvoll, sind empathisch und weisen eine hohe Schülerinnen- und Schülerorientierung auf (vgl. Einsiedler, 2017).

Auf der anderen Seite fühlen sich Schülerinnen und Schüler in qualitativ hochwertigen Beziehungen zu ihren Lehrpersonen respektiert, unterstützt und wertgeschätzt (Doll, Zucker & Brehm, 2004). Die Anerkennung jeder einzelnen Schülerin bzw. jedes einzelnen Schülers als Individuum und eine wechselseitige Vertrauensbeziehung erweisen sich als wichtige Voraussetzung für deren Lebenszufriedenheit und psychische Gesundheit (Ritter, Bilz & Melzer, 2016).

Schülerinnen und Schüler, die ihre Lehrpersonen als fürsorglich erleben und sich von ihnen unterstützt fühlen, gehen lieber zur Schule (Baker, 1999) und sind mit ihrem Leben zufriedener (Suldo & Huebner, 2006; Suldo et al., 2009). Sie weisen ein höheres Wohlbefinden (Pianta et al., 2003), einen besseren allgemeinen Gesundheitszustand und eine bessere psychische Gesundheit auf (John, Bilz, Fischer, Zeißig & Wachs, 2020; Ritter et al., 2016). Von besonderer Bedeutung ist hier nicht nur die emotionale, sondern auch die instrumentelle Unterstützung, welche die Schülerinnen und Schüler erhalten. Das heißt, inwiefern sich eine Lehrperson ihnen gegenüber fürsorglich, wertschätzend und vertrauensvoll verhält und sie auch instrumentell im Unterricht unterstützt (Suldo et al., 2009).

2.2 Asymmetrie und Rollenspezifität der pädagogischen Beziehung

Sowohl Schülerinnen und Schüler als auch Lehrpersonen haben keine Wahl bei der Auswahl ihrer Lehrpersonen bzw. ihrer Klasse. Sie wählen sich nicht gegenseitig aus und gehen somit nicht freiwillig eine Beziehung ein, sondern sie bilden zunächst eine Schicksalsgemeinschaft (Schweer, 2017). Ziel von Lehrpersonen ist es deshalb, ein Arbeitsbündnis mit ihren Schülerinnen und Schülern aufzubauen (Helsper & Mummrich, 2008). Damit dies gelingt, sollten die Besonderheiten der pädagogischen Beziehung berücksichtigt werden, auf die im Folgenden näher eingegangen wird.

2.2.1 Rollenbeziehungen im Unterricht

Was zeichnet die Beziehung zwischen Lehrperson und Schülerinnen und Schülern aus? Wie eng oder distanziert sollte sie sein? Beziehungen lassen sich in Abhängigkeit von den Rollen der Interaktionspartnerinnen und -partner in spezifische und diffuse Sozialbeziehungen unterteilen (Oevermann, 1996). Spezifische Sozialbeziehungen sind rollenförmig, wobei die Rollen, Zuständigkeiten und Themen klar geregelt sind. So beispielsweise zwischen Ärztin und Patient; die Ärztin stellt Fragen zur Gesundheit, der Patient lässt sich untersuchen und gibt Auskunft. Die Themen des Gesprächs beschränken sich dabei in der Regel auf die gesundheitliche Verfassung des Patienten.

In diffusen Beziehungen, wie beispielsweise der Familie, sind diese Rollen, Zuständigkeiten und Themen nicht so klar vorgegeben und geregelt. So kann zum Beispiel ein Jugendlicher, der von seinem Vater auf die Unordnung im Zimmer angesprochen wird, auch mal dessen eigene Ordnung in Frage stellen. Während in spezifischen Rollenbeziehungen begründet werden muss, weshalb ein Thema angesprochen wird, wird in diffusen Rollenbeziehungen erklärt, weshalb man über ein Thema nicht sprechen möchte.

Die Beziehung zwischen Lehrperson und ihren Schülerinnen und Schülern ist weder eine rein spezifische noch eine rein diffuse Sozialbeziehung. Sie zeichnet sich sowohl durch diffuse als auch spezifische Aspekte aus. An die Schülerinnen und Schüler und die Lehrpersonen werden bestimmte Rollenerwartungen gestellt (Spezifität), sie bringen sich allerdings auch als Individuen in den Unterricht ein (Diffusität) (Wenzl, 2018). So beispielsweise, wenn eine Schülerin oder ein Schüler während des Unterrichts von ihren oder seinen Erlebnissen vom Wochenende oder von der jungen Katze zuhause erzählt. Im Verlauf der Schulzeit und mit zunehmendem Alter der Schülerinnen und Schüler wird die Beziehung zu ihren Lehrpersonen spezifischer und die diffusen Aspekte verlagern sich immer mehr in die Pausen. Solche diffusen Momente, wie z. B. die Schilderung eindrücklicher Erlebnisse von Schülerinnen und Schülern, bleiben allerdings wichtig, denn sie stärken soziale Beziehungen.

2.2.2 (A)Symmetrie und Reziprozität in der pädagogischen Beziehung

In Erziehung und Unterricht findet sich zwischen Erwachsenen und Kindern oder Jugendlichen aufgrund unterschiedlicher Rollen, Verantwortungen, Rechte und Pflichten eine Asymmetrie. Dieses asymmetrische Verhältnis besteht aus komplementären Rollen und zeichnet sich durch ein »Reife- und Kompetenzgefälle« aus (Herzog, 2006, S. 488). Gleichzeitig kann die Beziehung zwischen der Lehrperson und ihren Schülerinnen und Schülern allerdings nur gelingen, wenn sie in ihrem Fundament, im gegenseitigen sozialen Austausch sich symmetrisch verhält.

> »Erziehung und Unterricht als asymmetrische Verhältnisse, in die ein Reife- oder Kompetenzgefälle eingebaut ist, werden getragen von einer egalitären, *symmetrischen* Beziehung, die *tiefer* liegt und funktionieren muss, wenn pädagogisches Handeln einsetzen will« (Herzog, 2006, S. 488).

Beziehungen zwischen Lehrpersonen und Schülerinnen und Schülern weisen demnach sowohl asymmetrische wie auch symmetrische Anteile auf, wobei der Unterricht auf der sozialen Ebene symmetrisch zu verstehen ist. Die Lehrperson und ihre Schülerinnen und Schüler begegnen sich in sozialer Hinsicht als Menschen und nicht als Rollenträgerinnen bzw. -träger und sehen sich als gleich.

2 Die Beziehung als soziale Basis von Lernen und Lehren

Die Beziehung zwischen Lehrperson und ihren Schülerinnen und Schülern kann nur dann gelingen, wenn sie auf Gegenseitigkeit und Anerkennung beruht. Diese Gegenseitigkeit oder Wechselseitigkeit im sozialen Austausch, wenn Geben und Nehmen abwechseln, wird als Reziprozität bezeichnet. Reziprozität ist zentral für unsere Gesellschaft und auch für den Unterricht. Menschliches Verhalten ist auf Gegenseitigkeit ausgerichtet, wenn Menschen etwas erhalten, sind sie motiviert dafür, eine Gegenleistung zu erbringen. Das Prinzip der Reziprozität bezieht sich sowohl auf materielle Dinge (z. B. ein Geschenk) als auch auf immaterielle Dinge (z. B. Hilfe geben oder erhalten). Sich reziprok zu verhalten bedeutet, auf einen Gefallen hin mit einer Handlung zu reagieren, die den Gefallen ausgleicht. Eine solche Erwiderung muss allerdings nicht unmittelbar geschehen, sondern kann auch (viel) später und in einer anderen Form erfolgen. Diese Gegenseitigkeit sozialer Beziehungen schafft Stabilität, indem sie die Offenheit der Zukunft erträglich macht.

Damit Reziprozität entstehen kann, muss einer der beiden Interaktionspartnerinnen oder -partner den ersten Schritt machen. In der Regel beginnt eine soziale Interaktion optimistisch, wenn allerdings das Gegenüber nicht positiv reagiert oder antwortet und das Prinzip der Reziprozität verletzt, wird die »Optimistin« bzw. der »Optimist« nicht mehr so positiv und offen antworten (Herzog, 2006). Wenn beispielsweise jemand, dem man auch schon geholfen hat, seine Hilfe verweigert, wird man in künftigen Situationen vielleicht auch nicht mehr so hilfsbereit sein. Eine fehlende Reziprozität gefährdet künftiges kooperatives Verhalten.

Während auf der sozialen Ebene des Unterrichts die pädagogische Beziehung egalitär symmetrisch und reziprok ist, indem sich Geben und Nehmen abwechseln, ist sie hingegen auf der Ebene des individuellen Handelns im Lehr-Lernprozess komplementär (Herzog, 2006). Lehrpersonen und Schülerinnen und Schüler haben im Unterricht unterschiedliche Rollen, Verantwortungen und Aufgaben. Dabei fußen sowohl ein gelingender Unterricht als auch die Beziehung zwischen Lehrperson und Schülerinnen und Schülern auf dem Prinzip der Gegenseitigkeit oder Wechselseitigkeit. »Das *pädagogische* Verhältnis als asymmetrische Beziehung setzt ein symmetrisches *soziales* Verhältnis voraus. Komplementäre Beziehungen ruhen auf reziproken« (Herzog, 2006, S. 506). Eine Lehrperson kann beispielsweise nicht einseitig Anerkennung, Respekt und Vertrauen einfordern, sondern sie muss dies auch den einzelnen Schülerinnen und Schülern entgegenbringen. Erst die reziproken Beziehungen ermöglichen ein erfolgreiches pädagogisches und didaktisches Handeln und sie stellen zugleich motivationale Ressourcen für Schülerinnen und Schüler wie auch für Lehrpersonen bereit (Herzog, 2006).

2.3 Bedürfnisse von Lernenden und Verantwortung von Lehrenden

Die soziale Einbindung bzw. Zugehörigkeit ist ein zentrales Grundbedürfnis von Menschen und somit auch von Schülerinnen und Schülern (Baumeister & Leary, 1995; Raufelder, 2018). Nach der Selbstbestimmungstheorie von Deci und Ryan (1985; 2014) ist die Befriedigung dieses Bedürfnisses nach sozialer Einbindung ebenso wichtig für die intrinsische Motivation und das Lernen eines Menschen wie das Kompetenzerleben und die Autonomie. Das Bedürfnis nach sozialer Eingebundenheit wird durch die Qualität der Beziehung zwischen Lehrperson und Schülerinnen und Schülern bestimmt (Knierim et al., 2017). Das Klassenzimmer und der Unterricht sind geprägt durch soziale Interaktionen, Lehrpersonen und Gleichaltrige können dabei die Motivation von Schülerinnen und Schülern unterstützen oder auch hemmen (Raufelder, 2018). Unterstützend und motivationsfördernd sind positive Beziehungen zu Eltern, Lehrpersonen und Peers, in denen wertschätzend miteinander umgegangen wird und in denen die Individualität sowie Autonomie der Schülerinnen und Schüler berücksichtigt und unterstützt wird (Raufelder, 2018).

Lehrpersonen und Schule kommt also bei der Erfüllung der Bedürfnisse nach sozialer Zugehörigkeit, Kompetenzerleben und Autonomie eine entscheidende Rolle zu (Knierim et al., 2017; Raufelder, 2018). Unterrichtsmerkmale, welche die Schülerinnen und Schüler emotional und motivational unterstützen und das Erleben von Autonomie und Kompetenz oder Wirksamkeit begünstigen, sind eine klare Strukturierung des Unterrichts und eine effiziente Klassenführung, Freiräume für eigene Entscheidungen, Erfolgserlebnisse, positive und konstruktive Rückmeldungen sowie ein wertschätzender und respektvoller Umgang zwischen Lehrperson und Lernenden (Klieme & Rakoczy, 2008; Rakoczy, 2006).

2.4 Zusammenfassung

Die Beziehung zwischen Lehrperson und ihren Schülerinnen und Schülern ist eine besondere Beziehung. Sie beinhaltet sowohl spezifische als auch diffuse Aspekte und ist im Hinblick auf die Rollen und Verantwortungen asymmetrisch und komplementär. Lehrpersonen haben die Verantwortung für den Unterricht, sie lehren und entscheiden über Inhalte und Methoden, während sich die Schülerinnen und Schüler mit den Inhalten auseinandersetzen und lernen. Allerdings kann pädagogisches Handeln nur einsetzen, wenn der Unterricht auf einer sozialen Ebene symmetrisch ist. Während also die Beziehung auf der Ebene des Handelns asymmetrisch ist, soll sie auf der sozialen Ebene symmetrisch sein. Für die sozialen Interaktionen und Beziehungen in der Schule bedeutet dies, dass egalitäre, symmetrische Beziehungen gestaltet und gepflegt werden, in denen sich die Lehrperson und ihre Schülerinnen und Schüler als gleich ansehen und sich als Menschen auf Augenhöhe begegnen. In solchen pädagogischen Beziehungen fühlen sich die Kinder und Jugendlichen als Mensch anerkannt, respektiert und wertgeschätzt.

Qualitativ hochwertige pädagogische Beziehungen sind sowohl für Schülerinnen und Schüler als auch für Lehrpersonen von großer Bedeutung und sollten nicht unterschätzt oder vernachlässigt werden. Der Aufbau von Beziehungen braucht Zeit und diese sollten sich Lehrpersonen, auch jene mit einem kleineren Arbeitspensum, für gemeinsame Aktivitäten nehmen und um die Schülerinnen und Schüler kennenzulernen. Beziehungen entstehen und entwickeln sich über die Zeit durch gemeinsame positive oder negative Erfahrungen und soziale Interaktionen.

Aufgrund des asymmetrischen Verhältnisses (Rollen, Verantwortungen und Handeln) obliegt die Verantwortung für den Aufbau und die Gestaltung von positiven pädagogischen Beziehungen und auch für den Unterricht bei den Lehrpersonen.

3

Beziehung zwischen Lehrperson und Schülerinnen und Schülern gestalten

»Die Achtung vor der Einzelpersönlichkeit der Kinder und Jugendlichen ist ein Prinzip, das Parteilichkeit der Lehrenden für die Einzelnen begründet und als zentrales Bildungsziel vermittelt werden soll« (Prengel, 2019a, S. 195).

Wie wir im vorherigen Kapitel (▶ Kap. 2) gesehen haben, kommt der pädagogischen Beziehung eine zentrale Bedeutung für Lernende und Lehrende und somit auch für Lehr-Lernprozesse zu. Lehrpersonen haben einen bedeutenden Einfluss auf die Gestaltung der pädagogischen Beziehung und auf die von den Schülerinnen und Schülern erlebte emotionale Unterstützung.

Die Studie »Soziale Interaktionen in pädagogischen Arbeitsfeldern«, kurz INTAKT-Studie, von Prengel und Kolleginnen (2016) hat gezeigt, dass immerhin rund drei Viertel der beobachteten Interaktionen zwischen Lehrpersonen und Schülerinnen und Schülern anerkennend oder neutral und ein Viertel verletzend oder ambivalent sind (Prengel, Tellisch, Wohne & Zapf, 2016; Prengel, 2019a), was angesichts der Bedeutung sozialer Interaktionen und Beziehungen im Unterricht für das Lernen und Lehren doch ein vergleichsweise großer negativer Anteil ist.

Soziale Beziehungen entstehen auf der Grundlage von Interaktionen und Erfahrungen. Daher überrascht es wenig, dass aus Sicht von Schülerinnen und Schülern Bestrafen, Anschreien oder sarkastische Bemerkungen negativ mit der Beziehung zu ihrer Lehrperson zusammenhängen (Mainhard et al., 2011). Wenn Lehrpersonen allerdings versuchen, eine emotionale Bindung zu den Lernenden aufzubauen und sich ihnen gegenüber fair verhalten, schätzen Schülerinnen und Schüler die pädagogische Beziehung positiver ein (Suldo et al., 2009).

Im vorliegenden Kapitel steht die Frage im Zentrum, was eine qualitativ hochwertige pädagogische Beziehung auszeichnet und wie Lehrpersonen eine positive Beziehung zu ihren Schülerinnen und Schülern aufbauen können. Dazu widmen wir uns im ersten Teil der sozialen Wahrnehmung, u.a. sozialen Kategorisierungen und Erwartungen, und damit verbunden der Bedeutung der Wahrnehmung von Schülerinnen und Schülern in ihrer Einmaligkeit und Individualität. Im zweiten, dritten und vierten Teil dieses Kapitels geht es um Anerkennung, Vertrauen und emotionale Unterstützung, welches zentrale Aspekte der Interaktion und Beziehung zwischen Lehrperson und Schülerinnen und Schülern sind.

3.1 Das Kind in seiner Individualität anerkennen

Die im Unterricht ablaufenden Interaktionsprozesse sind durch ihre hohe soziale Dichte, Gleichzeitigkeit, Unmittelbarkeit, Unvorhersehbarkeit, Informalität und Öffentlichkeit hoch komplex (Doyle, 1986; Herzog, 2006). Die Komplexität der sozialen Situation wird teilweise vereinfacht, indem auf die Lehrperson und die Klasse als Ganzes (Kollektivsingular) oder die Dyade Lehrperson und einzelne Schülerinnen und Schüler (Singular) fokussiert wird. Dabei wird außer Acht gelassen, dass Lehrpersonen es weder mit einem einzelnen Schüler bzw. einer einzelnen Schülerin noch mit einer homogenen Gruppe zu tun haben (Herzog, 2006; Schönbächler, Herzog & Makarova, 2011).

Menschen nehmen nur einen Bruchteil dessen wahr, was um sie herum passiert, dabei richten sie den Blick auf Dinge, die z. B. ihre Aufmerksamkeit erregen oder die ihnen bedeutend oder wichtig erscheinen. Was wir wahrnehmen, ist also selektiv und subjektiv. Die Selektivität der Wahrnehmung ist aufgrund der vielen Informationen aus der Umwelt positiv und etwas Funktionales, denn sie schützt uns vor Reizüberflutung und hilft uns, Dinge schneller einzuordnen. Allerdings kann die Selektivität, die durch unsere Vor- und Einstellungen sowie Erwartungen beeinflusst ist, dazu führen, dass wir nur das wahrnehmen, was unserer Vorstellung oder Erwartung entspricht bzw. diese bestätigt, während gegenteilige Informationen außer Acht gelassen werden. Bei einem solchen Tunnelblick werden andere Informationen ausgeblendet. Wenn eine Lehrperson beispielsweise von einer Schülerin das Bild einer »Störerin« hat, sieht sie im Unterricht v. a. ihr störendes Verhalten, das ihrem Bild dieser Schülerin entspricht und dieses zusätzlich bestätigt, während gegenteiliges oder positives Verhalten kaum mehr wahrgenommen wird.

3.1.1 Erster Eindruck und soziale Kategorisierung

Wenn Menschen sich das erste Mal sehen, bilden sie sehr schnell – innerhalb von Sekunden – einen ersten Eindruck und entscheiden meist unbewusst, ob sie die Person als sympathisch und vertrauensvoll einschätzen oder nicht. Dieser erste Eindruck beeinflusst die weiteren Interaktionen und bleibt relativ stabil über die Zeit. Wenn sich also eine Lehrperson und ihre Schülerinnen und Schüler das erste Mal im Klassenzimmer begegnen, machen sie sich meist unbewusst einen ersten Eindruck voneinander, der über die Zeit relativ stabil bleibt. Innerhalb von kürzester Zeit entsteht somit ein Bild von einer Schülerin bzw. einem Schüler oder der Lehrperson, das für die weiteren unterrichtlichen Interaktionen entscheidend ist.

Aufgrund welcher Informationen entsteht ein Bild von einem Schüler bzw. einer Schülerin? Lehrpersonen sind im Unterricht vielfältig gefordert und sehr viele Informationen treffen auf sie ein. Ihre Wahrnehmung und Informationsverarbeitung werden dabei durch subjektive Vorstellungen und Erwartungen gesteuert. Dabei richtet sich die Aufmerksamkeit v. a. auf Merkmale und Eigenschaften von Schülerinnen und Schülern, die für den Unterrichtsablauf relevant sind, beispielsweise ob im Unterricht mitgearbeitet oder dieser gestört wird oder ob die Lehrperson herausgefordert wird. Wenn ein Schüler in der ersten Woche die Aufträge in Frage stellt, in den Unterricht hineinruft und nicht mitarbeiten will, entsteht bei der Lehrperson vielleicht das Bild eines respektlosen oder aufmüpfigen Schülers, was ihre Wahrnehmung des künftigen Verhaltens dieses Schülers beeinflusst. Lehrpersonen verfügen bereits nach drei Schultagen über ein prägnantes Bild ihrer Typen von Schülerinnen und Schülern. Eine häufig vorgenommene Einteilung der Schülerinnen und Schüler erfolgt aufgrund von schulischen Leistungen in »schlechte« und »gute« Schülerinnen und Schüler oder aufgrund von (nicht) angepasstem Verhalten, Geschlecht oder Herkunft. Solche Zuschreibungen und Kategorisierungen durch Lehrpersonen erweisen sich über die Zeit als relativ stabil (Storch, 1978), da Lehrpersonen ihre Schülerinnen und Schüler v. a. nach dieser Kategorisierung wahrnehmen und ihr Verhalten gegenüber den Schülerinnen und Schülern danach ausrichten. Studien zeigen, dass beispielsweise attraktive Schülerinnen und Schüler nicht nur beliebter sind, sondern auch besser benotet werden (Dunkake, Kiechle, Klein & Rosar, 2012) und Kinder und Jugendliche aus Familien mit einem Migrationshintergrund und aus Familien einem tiefen sozio-ökonomischen Statuts trotz guter Leistungsfähigkeit aufgrund ihrer Herkunft schulisch unterschätzt werden (Kronig, 2007; Tenenbaum & Ruck, 2007).

Lehrpersonen sollten sich deshalb darum bemühen, Schülerinnen und Schüler möglichst ganzheitlich wahrzunehmen. Wichtig dabei ist, soziale Kategorisierungen und Stereotypisierungen, insbesondere aber auch Vorurteile immer wieder zu reflektieren und kritisch zu hinterfragen, da sie sich einerseits verfestigen und das eigene Verhalten beeinflussen und andererseits pädagogische Interaktionen in eine ungünstige Richtung lenken können.

3.1.2 Erwartungen

Menschen entwickeln Erwartungen oder stellen Vermutungen darüber auf, wie sich ihr Gegenüber in bestimmten Situationen verhalten wird. Erwartungen spielen eine wichtige Rolle für den Interaktionsverlauf, da sie mögliche Verhaltensweisen des Gegenübers bereits gedanklich vorwegnehmen.

Die soziale Kategorisierung von Schülerinnen und Schülern beeinflusst die Erwartungen, die Lehrpersonen an sie stellen, und diese beeinflussen wiederum das Interaktionsverhalten. In der Studie von Darley und Gross (1983) wurde zwei Gruppen von Probandinnen und Probanden ein Video mit einem Kind gezeigt, welches verschiedene Aufgaben bearbeitet. Der einen Gruppe wurde gesagt, das Kind käme aus einem Elternhaus mit einem hohen sozioökonomischen Status, der anderen aus einem Elternhaus mit einem tiefen sozioökonomischen Status. Die beiden Gruppen schätzten das Verhalten des Kindes unterschiedlich ein. Die Leistung wurde positiver bewertet, wenn davon ausgegangen wurde, die Eltern des Kindes verfügten über einen hohen sozioökonomischen Status.

Stellen Sie sich einerseits einen intelligenten, interessierten und fleißigen Schüler und andererseits einen desinteressierten und faulen Schüler vor. Welche Erwartungen hätten Sie als Lehrperson an die schulischen Leistungen der beiden Schüler? Im günstigen Fall stellen wir an den »intelligenten« Schüler hohe Erwartungen und fördern ihn entsprechend. Im ungünstigsten Fall haben wir an den »desinteressierten« Schüler tiefe Erwartungen, richten unser Verhalten danach aus und begegnen ihm unfreundlich. Problematisch sind (unzutreffende) Urteile über Schülerinnen und Schüler v. a. dann, wenn sie zu unpassenden (zu hohe oder zu tiefe) oder ungerechtfertigten Erwartungen an das Verhalten und die Leistungen der Schülerinnen und Schüler führen. So beispielsweise, wenn eine Lehrperson von einer Schülerin leistungsmäßig wenig erwartet und ihr dementsprechend wenig zutraut, ihr in Folge weniger komplexe Aufgaben gibt und sie vielleicht auch weniger fördert oder sie für einfache Aufgaben lobt. Im Sinne einer sich selbsterfüllenden Prophezeiung kann dies dazu führen, dass die Schülerin dann auch schlechtere Leistungen zeigt, als aufgrund ihres Potenzials eigentlich möglich wären.

Erwartungen können sich als selbsterfüllende Prophezeiungen bestätigen. In einer Studie täuschten Rosenthal und Jacobson (1974) Lehrpersonen vor, bei 20 % ihrer Schülerinnen und Schüler nach einem IQ-Test enormes Entwicklungspotenzial festgestellt zu haben. In Wahrheit teilten sie die Schülerinnen und Schüler zufällig der Gruppe der sogenannten »Aufblüher« zu. Nach einem Schuljahr zeigte sich, dass rund die Hälfte der zufällig nominierten Schülerinnen und Schüler ihre Leistungen deutlich gesteigert hatte. Was war passiert? Die Lehrpersonen verhielten sich anders gegenüber den angeblichen »Aufblühern«, sie bemühten sich mehr um sie, waren ihnen gegenüber geduldiger und gaben ihnen auch mehr positive Rückmeldungen. Diese Ergebnisse zeigen, wie Erwartungen das Verhalten von Menschen und schließlich auch das ihrer Interaktionspartnerinnen und -partner beeinflussen.

3.1.3 Einmaligkeit und Individualität von Schülerinnen und Schülern anerkennen

Jeder Mensch ordnet Dinge und Menschen, die er wahrnimmt, bestimmten Kategorien zu. Dabei werden Menschen nicht in erster Linie als einzigartige Individuen in all ihren Facetten wahrgenommen, sondern, wie wir gesehen haben, vereinfachend sozialen Kategorien zugeordnet (z.B. Kind mit Migrationshintergrund, Scheidungskind, Einzelkind oder Streberin bzw. Streber).

Bei der Wahrnehmung von anderen Menschen steht häufig die Zugehörigkeit zu einer bestimmten Gruppe im Vordergrund. Obwohl solche Vereinfachungen in der Wahrnehmung hilfreich sind, weil sie es uns ermöglichen, in komplexen Situationen den Überblick zu behalten und schnell zu handeln, besteht jedoch die Gefahr, dass Schülerinnen und Schüler voreilig, nichtzutreffend oder gar negativ kategorisiert werden (z.B. als »Störerin«, »Faule« oder »Streber«). Zudem besteht die Gefahr, dass Schülerinnen und Schüler durch solche Kategorisierungen, wie beispielsweise »das ADHS-Kind« oder »die Störerin bzw. der Störer«, stigmatisiert werden. Menschen sollten nicht auf einzelne Merkmale oder psychische Störungen reduziert werden, denn ein Verhalten lässt sich nicht monokausal erklären, es ist immer multifaktoriell bedingt. Kein Mensch verhält sich immer gleich (z.B. immer aggressiv oder hyperaktiv). Daher ist es wichtig, Ausnahmen im Verhalten eines Kindes zu lokalisieren (Molnar & Lindquist, 2013) und sich gezielt zu fragen: »Wann tritt das problematische Verhalten nicht auf? Wo liegen die Stärken und Ressourcen dieser Schülerin oder dieses Schülers? Was funktioniert gut?«. Dabei geht es darum, die Besonderheit einer Schülerin bzw. eines Schülers anzuerkennen, bewusst den Blick auf Positives, die Stärken und Ressourcen zu richten und den Defizitblick zu überwinden. Hilfreich ist, bewusst auf »Perlensuche« zu gehen und sich positive Punkte zu jeder einzelnen Schülerin und jedem einzelnen Schüler aufzuschreiben (z.B. drei Stärken und/oder »drei Dinge, die ich an dir mag«).

> **Verhaltensprobleme in der Schule: Lösungsstrategien für die Praxis (Molnar & Lindquist, 2013)**
> In ihrem Buch zeigen Molnar und Lindquist (2013) anhand von zahlreichen Beispielen und ausgehend von einer ökosystemischen Sichtweise auf, wie Lehrpersonen durch eine andere bzw. positive Sichtweise auf Probleme im Unterricht Veränderungen bewirken können. Erläutert werden u. a. die positive Umdeutung von Verhalten oder von Problemsituationen und die paradoxe Intervention.

3.2 Anerkennung

»Um zu einer geglückten Selbstbeziehung gelangen zu können, sind menschliche Wesen auf die intersubjektive Anerkennung ihrer Fähigkeiten und Leistungen angewiesen« (Prengel, 2019a, S. 55).

Die gegenseitige Anerkennung ist zentral, um eine positive Selbstbeziehung ausbilden zu können (Prengel, 2019a). Kinder und Jugendliche können nur dann eine positive Beziehung zu sich selbst aufbauen, wenn sie von ihren Lehrpersonen anerkannt und ermutigt werden. Erst diese positive Selbstbeziehung ermöglicht einen positiven Umgang mit anderen Menschen. Grundlage für die Selbstachtung und die Anerkennung der anderen bildet eine Haltung des Respekts, woraus auch die Anerkennung von Vielfalt im Klassenzimmer resultiert.

»Das gesellschaftlich wertvolle Gut, das Schulen und andere pädagogische Einrichtungen aus eigener Machtbefugnis und eigenen Ressourcen zu verteilen haben, heißt ›intersubjektive Anerkennung‹ jeder einzelnen Person in ihrer je einmaligen Lebenslage« (Prengel, 2019a, S. 56).

Prengel bezieht sich in ihren Überlegungen auf die sozialphilosophische Anerkennungstheorie von Axel Honneth, der drei Anerkennungsformen unterschieden: emotionale Achtung (Liebe), rechtliche Anerkennung und wechselseitige oder soziale Anerkennung (vgl. Prengel, 2019a; 2019b). Diese drei Formen der Anerkennung werden auch als Liebe, Respekt und Wertschätzung bezeichnet (Honneth, 2000; 2003; 2010). Bei der persönlichen Anerkennung bzw. der Liebe im familiären Umfeld handelt es sich um die anerkennende Zuwendung durch nahe Bezugspersonen. Die zweite Form, die rechtliche Anerkennung, erfolgt durch Achtung und Respekt (Gleichheit und Freiheit) und die soziale Anerkennung in Form von Wertschätzung von Fähigkeiten und Leistungen (Prengel, 2019b).

Für die pädagogische Beziehungen sind alle drei Formen der Anerkennung wichtig und es finden sich auch Aspekte aller drei Anerkennungsformen.

»Für die Arbeit mit den Kindern und Jugendlichen werden eine professionsgerechte Form der Liebe, eine bildungs-, kind- und jugendgerechte Form der rechtlichen Achtung gleicher Freiheit im Generationenverhältnis und eine kind- und jugendgerechte Form der arbeits- und leistungsbezogenen Wertschätzung gebraucht« (Prengel, 2019b, S. 62f.).

Gemeint ist in diesem Zusammenhang auch die Solidarität mit Fremden, die Achtung altersgerechter gleicher Freiheit der Kinder und Jugendlichen sowie der Wertschätzung ihrer individuellen Leistungen (Prengel, 2019b).

In den INTAKT-Studien (Prengel, 2019b) wurde mittels Beobachtungen untersucht, wie und wie häufig Kinder und Jugendliche in pädagogischen Interaktionen in der Primarstufe und der Sekundarstufe I und II anerkannt oder verletzt werden.[1] Hinsichtlich Anerkennung und Verletzung zeigte sich über alle Stufen hinweg, dass rund drei Viertel der pädagogischen Interaktionen anerkennend oder

---

1 Der größte Teil der beobachteten Szenen in den INTAKT-Studien stammt aus dem Primarbereich, davon rund 90 % aus dem Anfangsunterricht im 1. und 2. Schuljahr.

neutral waren und in einem Viertel Verletzungen oder ambivalentes Verhalten beobachtetet wurden. Zu den Verletzungen gehören z. B. diskriminierende Kritisierung von Lernleistungen, Fehlern oder Fehlverhalten sowie Kinder und Jugendliche sarkastisch ansprechen, lächerlich machen oder unterbrechen (Prengel, 2019b; 2021). Zwischen den Schulstufen zeigten sich bezüglich Anerkennungen und Verletzungen nur geringe Unterschiede. Von den 4.903 beobachteten Szenen im Primarbereich waren 37 % leicht oder sehr anerkennend, 36 % neutral, 22 % leicht oder sehr verletzend und 6 % schwer einzuschätzen. Es handelt sich dabei um Durchschnittswerte über alle beobachteten Klassen hinweg, wobei einzelne Lehrpersonen deutlich davon abgewichen sind. So fanden sich auch an Schulen, die insgesamt einen hohen Anteil an anerkennenden Interaktionen aufwiesen, häufig einzelne Lehrpersonen, welche die Kinder und Jugendlichen v. a. verbal verletzten. Prengel (2019b, S. 128) weist darauf hin, dass gerade im Bildungswesen »Praktiken der Entwertung als ›auffälliges Kind‹, ›schlechte Schülerin‹ und ›schlechter Schüler‹ verbreitet sind und diese als Form von Diskriminierung erkannt werden müssen«, um Maßnahmen einleiten zu können.

Vorschläge zur Verbesserung pädagogischer Beziehungen
Im Sinne des Manifests »Kinderrechte, Demokratie und Schule« schlägt Prengel (2019c, S. 78ff.) zur Verbesserung pädagogischer Beziehungen Folgendes vor:

1. Institutionalisierte Beschwerdemöglichkeiten: Damit Kinder, Jugendliche und Eltern die Möglichkeit haben, Beschwerden zu melden, und in denen Formen entstehen, welche die Thematisierung von Verletzungen und Diskriminierungen ermöglichen.
2. Schulkultur und Anerkennung: Aufbau einer anerkennen und demokratischen Schulkultur mit einer partizipativen Schul-

ordnung, in der Lehrpersonen und Schülerinnen und Schüler zusammenarbeiten.
3. Leitungsverantwortung: Die Verhinderung von aktiv verletzendem Verhalten gehört zur Aufgabe aller in der Schulleitung und -aufsicht tätigen Personen.
4. Prävention und Intervention: Entwicklung von Formen der Prävention und Intervention. Zudem sollen Lehrpersonen durch personelle Ressourcen beraten und entlastet werden.
5. Öffentlicher Diskurs über die Qualität pädagogischer Beziehungen und Aufstellen von ethischen Regeln für angemessenes Handeln im Lehrberuf.
6. »Pädagogische Beziehung« werden als wichtiges Thema in Ausbildung, Fortbildung und Forschung behandelt. Dazu gehören u. a. die Vermittlung von Wissen über pädagogische Beziehungen und Selbsterfahrungsübungen, die sowohl eigene Erfahrungen aus der Schulzeit und auch als Lehrperson miteinbeziehen. Ziel ist, Empathie und die Einnahme der Schülerinnen- und Schülerperspektive zu stärken und zu fördern.

3.3 Vertrauen

Vertrauen ist eine wichtige Voraussetzung, damit Unterricht gelingt. Gelingender Unterricht ist ein System reziproker Beziehungen und beruht auf Gegenseitig- bzw. Wechselseitigkeit. Dazu gehört auch gegenseitiges Vertrauen, welches die Basis sozialer Beziehungen bildet (Schweer, 2017; Schweer & Padberg, 2002; Schweer & Thies, 2000). Vertrauen vereinfacht soziale Interaktionen und funktioniert als eine Art Wahrnehmungsfilter (Luhmann, 1989). Durch Vertrauen wird die soziale Komplexität reduziert und Sicherheits-

und Kontrollbedürfnisse werden gestillt (Schweer, Siebertz-Reckzeh & Hake, 2021). Wenn eine Vertrauensbeziehung besteht, brauchen die Absichten des Gegenübers nicht so lange analysiert zu werden. Vertrauen ist das Gegenteil von Kontrolle und stellt auch ein Risiko dar (Herzog, 2006), denn mit entgegengebrachtem Vertrauen oder einem Vertrauensvorschuss ist immer auch das Risiko verbunden, enttäuscht zu werden.

Vertrauen wird definiert als »subjektive Sicherheit [...], sich in die Hand anderer Personen oder auch Institutionen begeben zu können« (Schweer 2014a, S. 1, zit. nach Schweer et al., 2021, S. 71). Misstrauen demgegenüber ist die »soziale Einstellung [...], sich nicht in die Hand anderer Personen oder auch Institutionen begeben zu können, ohne sich dabei einer subjektiv hohen Gefahr der Risikoverletzung und einer damit verbundenen potenziellen Schädigung auszusetzen« (Schweer 2014a, S. 1, zit. nach Schweer et al., 2021, S. 72). Die Gefahr einer potenziellen Schädigung kann bei Schülerinnen und Schülern zu Unzufriedenheit, Demotivation, Resignation oder auch Ablehnung führen (Schweer et al., 2021).

Für soziale Beziehungen ist Vertrauen wichtig, denn »es investiert in die Zukunft und trägt dadurch zur Stabilisierung sozialer Beziehungen bei« (Herzog 2006, S. 472). In der Erziehung hat Vertrauen die Funktion, dass das Kind sich öffnet und damit Erziehung erst ermöglicht (Herzog, 2006). Ohne Vertrauen kann sich in der Erziehung wie auch in einer Klasse kein Gemeinschaftsgefühl bilden. Vertrauen bildet die Basis der Beziehung zwischen Lehrperson und Schülerinnen und Schülern (Herzog, 2006). »Je mehr Individualität und Subjektivität in pädagogischen Situationen zugelassen wird, je weniger standardisiert der Unterricht erteilt wird, desto mehr sind Lehr- und Erziehungspersonen auf Vertrauen angewiesen.« (Herzog 2006, S. 473). Vertrauen wird also im Unterricht notwendiger, je offener der Unterricht ist. Das Gefühl von Vertrauen ermöglicht ein gutes Lernen, gute Leistungen und Zufriedenheit, und zwar von beiden Seiten, von der Lehrperson und den Schülern und Schülerinnen her.

Vertrauen ist ein Qualitätsmerkmal der pädagogischen Beziehung (Schweer et al., 2021). Wie Schülerinnen und Schüler die Qualität der Beziehung zu ihrer Lehrperson einschätzen, hängt entscheidend von ihrem Vertrauensurteil ab (Thies, 2014). Lehrpersonen, zu denen die Beziehung als qualitativ hochwertig eingeschätzt wird, schaffen eine vertrauensvolle Lernatmosphäre.

Lehrperson können allerdings nicht davon ausgehen, dass ihnen Schülerinnen und Schüler einfach so und von Anfang an vertrauen.

Wie kann das gegenseitige Vertrauen im Klassenzimmer aufgebaut und gefördert werden? Aus Sicht von Schülerinnen und Schülern sind wesentliche vertrauensfördernde Verhaltensweisen von Lehrpersonen die fachliche und persönliche Unterstützung und Zuwendung, ein respektvoller Umgang und die Zugänglichkeit und Aufrichtigkeit der Lehrperson (Schweer, 1997a; 1997b).

Es ist die Aufgabe von Lehrpersonen, sich um das Vertrauen der Schülerinnen und Schüler zu bemühen und dabei die Asymmetrie der Beziehung zu berücksichtigen. Durch das Erbringen einer Vertrauensvorleistung bzw. eines Vertrauensvorschusses soll die Entwicklung von Vertrauen angestoßen werden (Thies, 2014). Weiter fördern Transparenz und Fairness den Vertrauensaufbau (Schweer et al., 2021). Lehrpersonen sollen die Schülerinnen und Schüler zudem ernstnehmen, sich ihnen gegenüber freundlich verhalten, ihnen das Gefühl geben, auf sie sei Verlass, Versprechen einhalten, Sicherheit vermitteln sowie auf Kontrolle verzichten (Thies, 2014).

3.4 Emotionale Unterstützung

Ein qualitativ guter Unterricht mit einem unterstützenden Unterrichtsklima zeichnet sich durch einen wertschätzenden und vertrauensvollen Umgang aus. Die Lehrperson unterstützt die Schülerinnen und Schüler konstruktiv, emotional und auch sozial, was besonders für das Engagement und die Motivation der Lernenden förderlich ist.

Emotionale Unterstützung bzw. ein unterstützendes Unterrichtsklima ist neben der Klassenführung und der kognitiven Aktivierung eine der drei Qualitätsdimensionen von Unterricht (Klieme, Lipowsky, Rakoczy & Ratzka, 2006; Pianta et al., 2003; Praetorius, Klieme, Herbert & Pinger, 2018). Zur emotionalen Unterstützung gehören ein positives Klassenklima, die Sensitivität der Lehrperson und auch die Berücksichtigung der Perspektive der Schülerinnen und Schüler (Hamre & Pianta, 2010; Pianta et al., 2003).

- Ein *positives Klima* zeichnet sich u.a. durch einen emotional warmen und respektvollen Umgang zwischen Lehrperson und Schülerinnen und Schülern aus. Auch Verbundenheit, positive Emotionen sowie Begeisterung und Enthusiasmus während Lernaktivitäten sind Merkmale eines positiven Klimas.
- *Sensitivität*: Feinfühlige Lehrpersonen gehen auf die Bedürfnisse ihrer Schülerinnen und Schüler ein. Sie sind fürsorglich, geben individuelle, persönliche Zuwendung und nehmen die Anliegen ihrer Schülerinnen und Schüler ernst.
- Inwieweit gelingt es der Lehrperson im Unterricht, die *Perspektive ihrer Schülerinnen und Schüler* zu berücksichtigen und die Interessen, Motivationen und Sichtweisen der Lernenden in den Vordergrund zu stellen? Die Schülerinnen- und Schülerorientierung bzw. die Berücksichtigung der Lernendenperspektive (als Gegensatz zur Lehrpersonenzentriertheit) ist eine wichtige Voraussetzung, um bei den Interessen und Bedürfnissen der Schülerinnen und Schüler ansetzen und sie emotional unterstützen zu können.

3.5 Zusammenfassung

Eine wichtige Grundlage für die Gestaltung der pädagogischen Beziehung ist, dass Kinder und Jugendliche wahr- und ernstgenommen werden und dass sie in ihrer Individualität anerkannt werden. Die Schülerinnen und Schüler sollen sich in der Schule als Menschen anerkannt, respektiert und wertgeschätzt fühlen und sich optimal entfalten können. Förderlich ist, sich an den Stärken und Ressourcen eines Schülers bzw. einer Schülerin zu orientieren und den defizitären Blick zu überwinden. Weiter bildet gegenseitiges Vertrauen die Basis sozialer Beziehungen und von Unterricht. Vertrauen ist das Gegenteil von Kontrolle und zentral, damit ein Gemeinschaftsgefühl entstehen und Sicherheitsbedürfnisse gestillt werden können. Das Gefühl von Vertrauen ermöglicht gutes Lernen und Lehren, gute schulische Leistungen und Zufriedenheit.

Da unsere Wahrnehmung subjektiv und selektiv ist und wir jeweils aufgrund der großen Menge an Informationen dazu neigen, zu kategorisieren, kann dies dazu führen, dass wir einen Menschen nicht mehr als Ganzes mit all seinen Stärken und Schwächen wahrnehmen. Da soziale Kategorisierungen die eigenen Erwartungen ans Gegenüber und auch das eigene Verhalten in sozialen Interaktionen beeinflussen, ist es elementar, die eigenen Einstellungen gegenüber den Schülerinnen und Schüler und die damit verbundenen Erwartungen immer wieder kritisch zu reflektieren und zu hinterfragen und sich auch mit eigenen Stereotypen und Vorurteilen auseinanderzusetzen.

4

Zum Verhältnis von pädagogischer Beziehung und Klassenführung

> »Autorität [ist] als Eigenschaft einer *Beziehung* und eines *Anerkennungsverhältnisses* aufzufassen« (Reichenbach, 2007, S. 655).

Eine positive Beziehung zwischen Lehrperson und Schülerinnen und Schülern ist eine wichtige Grundlage für den Unterricht und eine effektive Klassenführung und sie ist zugleich Voraussetzung, damit Lehr-Lernprozesse gelingen können. Gerade für angehende Lehrpersonen stellen die Gestaltung sozialer Interaktionen, der Aufbau von positiven Beziehungen zu den Schülerinnen und Schülern sowie die Klassenführung Herausforderungen dar (De Jong, Mainhard et al. 2014; Fuller & Bown, 1975; Ghaith & Shaaban, 1999; Liston, Withcomb & Borko, 2006; Veenman, 1984). Einige denken, dass eine wertschätzende Beziehung in Widerspruch zur Klassenführung stehe (De Jong, Mainhard et al., 2014; McLaughlin, 1991; Weinstein, 1998), was möglicherweise damit zusammenhängt, dass für einige Menschen die Begriffe Klassenführung und Autorität negativ konnotiert sind und deshalb als unvereinbar mit dem Aufbau und der Gestaltung positiver Beziehungen angesehen werden.

Im Folgenden werden wir im ersten Teil aufzeigen, dass eine hochwertige pädagogische Beziehung die Basis einer effektiven Klassenführung bildet, folglich also nicht in Widerspruch dazu steht, sondern diese unterstützt. Im zweiten Teil widmen wir uns der Frage, was eine erfolgreiche Klassenführung auszeichnet, und im dritten Teil, wie Klassenführung relational über den Aufbau einer positiven pädagogischen Beziehung gestaltet werden kann.

4.1 Pädagogische Autorität und Klassenführung

Autorität ist ein »Reizthema« (Reichenbach, 2011) und auch der Führungsbegriff wird häufig kontrovers diskutiert. Herzog (2006, S. 508) verweist darauf, dass »der traditionelle Begriff der Autorität [...] Gehorsam [impliziert]« und auf der »Grundlage wechselseitiger Anerkennung« neu definiert werden muss. »Auf der Basis gegenseitiger Achtung kann die Autorität in ihrer sozialintegrativen Bedeutung rehabilitiert und der Autoritarismus vermieden werden« (Herzog, 2006, S. 513).

Schulklassen sind hierarchisch organisierte Systeme, in denen Lehrpersonen und Schülerinnen und Schüler unterschiedliche Positionen innehaben. Die pädagogische Beziehung ist eine asymmetrische, da Lehrperson und Schülerinnen und Schüler im Lehr-Lernprozess komplementäre Rollen haben und somit nicht als Gleiche interagieren. »Pädagogische Beziehungen sind Beziehungen im Generationenverhältnis, in dem die Angehörigen der älteren Generation den Angehörigen der jüngeren Generation Bildung vermitteln« (Prengel, 2019b, S. 61). Erziehung und Bildung kann es ohne Lenken und Leiten nicht geben (Brüggen, 2007). Reichenbach (2007) merkt an, dass der Fokus beim Thema Klassenführung häufig v. a. auf handlungspraktischen Empfehlungen liegt und dabei vernachlässigt wird, dass »Autorität als Eigenschaft einer *Beziehung* und eines *Anerkennungsverhältnisses* aufzufassen ist« (Reichenbach, 2007, S. 655).

> »Führungsverhältnisse als Autoritätsverhältnisse sind von asymmetrischen Abhängigkeiten geprägt. Führung und Autorität sind keine Eigenschaften von Einzelpersonen, sondern von Beziehungen, in denen die Interaktion von rollenkomplementären Verhaltensmustern wechselseitige Abhängigkeiten ausdrücken, die nur teilweise und situationsgebunden symmetrisch sein können. Symmetrie ist vielmehr die Eigenschaft von Beziehungen zwischen Gleichfreien bzw. Gleichunfreien, also nicht von pädagogischen Verhältnissen« (Reichenbach, 2007, S. 654).

Aufgrund der komplementären Rollen von Lehrpersonen und Schülerinnen und Schülern im Lehr-Lernprozess ist es die Lehrperson, welche die Führungsposition in einer Klasse einnimmt. Von ihr wird erwartet, dass sie einen Wissensvorsprung hat, den Unterricht plant und lenkt und die Schülerinnen und Schüler beim Lernen begleitet und unterstützt. Die Führungsposition erreicht eine Lehrperson allerdings nicht automatisch, sondern sie muss ihrer Rolle gerecht werden und von den Schülerinnen und Schülern als Autorität anerkannt werden, ohne Zwang oder Gewalt anzuwenden, denn dies führt zu Ablehnung, Reaktanz und Auflehnung (Herzog, 2006).

> »Die Bereitschaft zur Einwilligung in ein Autoritätsverhältnis bezieht ihre motivationalen Ressourcen aus Beziehungen der Ebenbürtigkeit. [...] Die Ungleichheit, die dem pädagogischen Verhältnis inhäriert, ist zurückgebunden an ein soziales Verhältnis, das egalitär und symmetrisch ist« (Herzog, 2006, S. 513).

Gerade Berufseinsteigerinnen und -einsteigern fällt es zum Teil schwer, eine Führungsrolle in der Klasse zu übernehmen, sie sehen sich als gleichberechtigte Partnerinnen und Partner der Lernenden. Hinzu kommt, dass einige Lehrpersonen denken, eine wertschätzende Beziehung sei mit der Klassenführung nicht vereinbar (De Jong, Mainhard et al., 2014; McLaughlin, 1991; Weinstein, 1998) und das Sorgen für Ruhe und Ordnung im Unterricht schade der Beziehung zu den Schülerinnen und Schülern.

Nach der Theorie des interpersonalen Verhaltens zeichnet sich jedes Verhalten in einer Interaktion durch einen gewissen Grad an *Lenkung* und *emotionaler Nähe bzw. Wärme* aus (Wubbels & Brekelmans, 2005). Wubbels und Brekelmans (2005) untersuchten das Verhalten von Lehrpersonen im Unterricht und entwickelten ein Modell interpersonalen Verhaltens mit den beiden Dimensionen *Lenkung* (vertikale Achse) und *emotionale Nähe bzw. Wärme* (horizontale Achse) (▶ Abb. 1). Die Lenkungs-Dimension reicht von kaum Lenkung und wenig Einfluss bis hin zu hoher Lenkung und Einflussnahme, die Wärme- bzw. Nähe-Dimension von kalt und distanziert bis freundlich und nah. Aus der Kombination der beiden Dimensionen Lenkung und Wärme bzw. emotionale Nähe ergibt sich je nach Ausprägung z. B. ein striktes oder ein führendes Lehrpersonenverhalten. Sowohl das strikte wie auch das führende Verhalten zeichnen sich auf der vertikalen Achse durch eine hohe Lenkung der Lehrperson aus, sie unterscheiden sich allerdings darin, wie freundlich und distanziert sich die Lehrperson gegenüber ihren Schülerinnen und Schülern verhält.

Dieses Modell interpersonalen Verhaltens (▶ Abb. 1) macht deutlich, dass sich jedes Lehrpersonenverhalten sowohl durch einen bestimmten Grad an Lenkung als auch durch emotionale Nähe bzw. Wärme auszeichnet. Erfahrene Lehrpersonen passen ihr Verhalten oder ihren Führungsstil adaptiv der jeweiligen Unterrichtssituation an. So verhalten sie sich z. B. während Frontalunterricht führend oder verstehend und bei Einzel-, Partnerinnen- bzw. Partner- oder Gruppenarbeiten helfend oder ermöglichend. Entscheidend dabei ist, dass Lehrpersonen ihr Verhalten adaptiv der jeweiligen Unterrichtsituation anpassen, sich jedoch hauptsächlich in der rechten Hälfte des Kreises bewegen, der sich durch ein freundliches und emotional nahes bzw. warmes Verhalten auszeichnet.

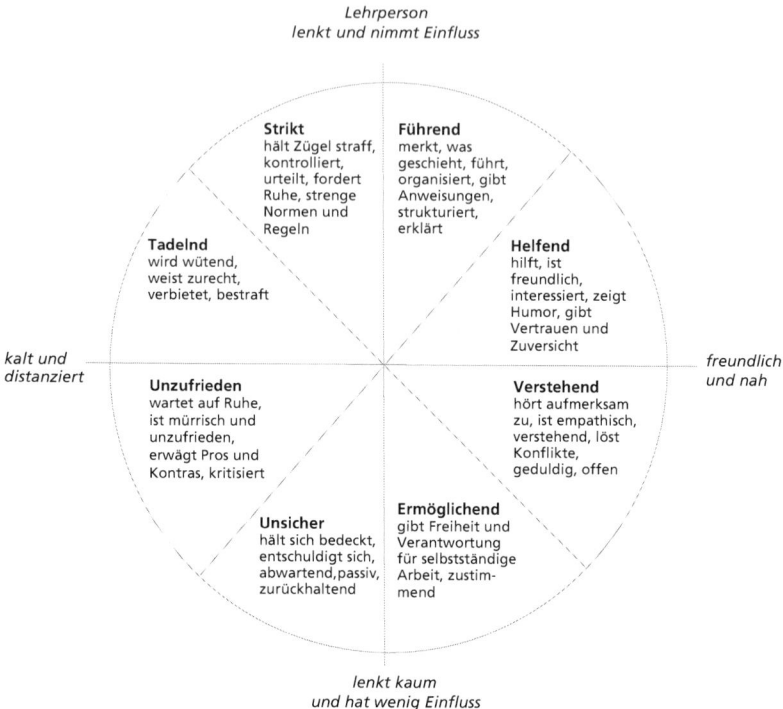

Abb. 1: Modell des interpersonalen Verhaltens von Lehrpersonen (adaptiert nach Wubbels & Brekelmans, 2005, S. 9)

4.2 Ehrlich, authentisch und humorvoll

Jeder Mensch hat eine eigene Persönlichkeit und wenn man authentisch ist, ist man man selbst, kann seine Emotionen zeigen, mit anderen lachen oder Fehler und Wissenslücken zugeben. Kein Unterricht ist perfekt und kein Mensch weiß alles. Schülerinnen und Schüler merken, ob das Verhalten einer Lehrperson echt oder gespielt ist. Zu einem authentischen Verhalten gehören nach Kernis und Goldman (2006), dass man seine Stärken und Schwächen, Gefühle und Motive für ein bestimmtes Verhalten kennt und reflektiert, ehrlich und aufrichtig ist und nach seinen Werten handelt.

Neben der Authentizität sind für Lehrpersonen eine offene Haltung gegenüber der Verschiedenheit und der Heterogenität von Schülerinnen und Schülern sowie Gelassenheit und Humor hilfreich, um im Unterricht flexibel zu reagieren und mit der Unvorhersehbarkeit von Unterricht sowie herausfordernden Situationen umzugehen. Humor und Gelassenheit können uns helfen, Unterrichtssituationen aus einem anderen Blickwinkel, in einem neuen Licht zu sehen. Gerade in herausfordernden oder belastenden Situationen sind Humor und Gelassenheit gute Bewältigungsstrategien, die auch eine angstfreie, entspannte Lernatmosphäre fördern (Rißland, 2002). Mit Humor im Unterricht sind nicht Witzeerzählen und auch kein Sarkasmus oder Zynismus gemeint, kein Mensch soll abgewertet, verletzt, beleidigt oder verspottet werden. Mit Humor meinen wir, Situationen gelassener zu nehmen, gemeinsam zu lachen, denn das schafft Gemeinschaft und entspannt eine schwierige Situation. Man sollte dabei nicht zwanghaft versuchen, witzig zu sein, denn damit erreicht man meist das Gegenteil (Kesselring, 2012). Humor sollte an den Entwicklungsstand der Schülerinnen und Schüler angepasst sein und auch zur Persönlichkeit der Lehrperson passen, d. h. authentisch sein. Kinder und Jugendliche finden zum Teil andere Dinge lustig und gerade jüngere Kinder oder auch Kinder und Jugendliche mit einer Autismus-Spektrum-Störung haben Schwierigkeiten mit Ironie, da sie das Gesagte wortwörtlich nehmen. Humor, der nicht verstanden wird, verfehlt seine Wirkung.

4.3 Erfolgreiche Klassenführung und Unterrichtsgestaltung

Das Ziel von Klassenführung ist es, eine Lernumgebung zu schaffen, welche das kognitive wie auch das sozial-emotionale Lernen der Schülerinnen und Schüler fördert (Evertson & Weinstein, 2006). Unterricht soll so gestaltet werden, dass die Schülerinnen und Schüler möglichst viel aktive Lernzeit zur Verfügung haben und möglichst wenig Unterrichtsstörungen auftreten bzw. beim Auftreten von Unterrichtsstörungen möglichst früh und niederschwellig interveniert wird. Klassenführung hat zum Ziel, den Unterricht zu strukturieren und zu steuern, um die Lernzeit möglichst effektiv zum Lernen nutzen zu können (Bear, 2015; Klieme, Pauli & Reusser, 2009). Beim Thema Klassenführung geht es also um die Frage, *wie* eine Lehrperson ihre Klasse lenkt oder führt und welche Strukturen sie schafft, um das Lernen zu ermöglichen und zu unterstützen (Evertson & Weinstein, 2006).

Eine erfolgreiche Klassenführung zeichnet sich durch präventive Maßnahmen aus, d. h., der Fokus liegt auch auf der Prävention von Unterrichtsstörungen (Brophy, 2006; Emmer & Sabornie, 2015). Unterrichtsstörungen gehören zum schulischen Alltag, es sind Störungen des Lehr-Lernprozesses (Wettstein & Scherzinger, 2022). »Eine Unterrichtsstörung liegt dann vor, wenn der Unterricht gestört ist, d. h. wenn das Lehren und Lernen stockt, aufhört, pervertiert, unerträglich oder inhuman wird« (Winkel, 2005, S. 29). Das Besondere an dieser Definition ist, dass Unterrichtsstörungen nicht aus einer rein individuumszentrierten Sichtweise, sondern aus einer interaktionalen und funktionalen Perspektive definiert werden und somit nicht das Individuum, sondern der Unterricht als Ganzes im Fokus steht (Wettstein & Scherzinger, 2022). Es geht somit nicht ausschließlich um die Frage, was einzelne Schülerinnen und Schüler oder die Lehrperson tun, sondern wie sie aufeinander reagieren bzw. miteinander interagieren. Obwohl wir im Alltag täglich mit anderen interagieren, fokussieren wir häufig auf das (meist störende) individuelle Verhalten der Schülerinnen und Schüler. »Paula ist im Unterricht so verträumt und weiß oft nicht, was sie tun muss« oder »Karl kann nicht ruhig sitzen, er steht immer wieder auf und stört die anderen«. Anstatt das Verhalten von einzelnen Schülerinnen und Schülern in den Blick zu nehmen, kann es hilfreich sein, Unterrichtsstörungen als Mitteilungen oder Hinweise zu verstehen und die Perspektive zu wechseln. Passt das Unterrichtsangebot zu den individuellen Voraussetzungen und Bedürfnissen der Schülerinnen und Schüler? Hat die heutige Kreissequenz zu lange gedauert? Wurden Aufträge klar erläutert und visualisiert? Waren die Aufträge zu einfach oder zu schwierig? Es geht also darum, das Unterrichtsangebot und das eigene Verhalten zu reflektieren und auch kritisch zu hinterfragen, wofür während des Unterrichtens meist wenig Zeit bleibt.

4.3.1 Schülerinnen und Schüler fordern und etwas zutrauen

Die Verantwortung für das Gelingen von Unterricht liegt nicht einseitig bei der Lehrperson und ihrem Lernangebot, sondern es ist auch davon abhängig, inwieweit sich die Schülerinnen und Schüler darauf einlassen, das Angebot nutzen und sich am Unterricht beteiligen (siehe »Angebot-Nutzungsmodell«; Fend, 1998; 2008; Helmke, 2017). Für einen guten Unterricht ist entscheidend, inwiefern das Unterrichtsangebot der Lehrperson zu den individuellen Lernvoraussetzungen der Schülerinnen und Schüler passt, damit sie sich auch mit den Lerninhalten auseinandersetzen können. Schülerinnen und Schüler haben ein Bedürfnis nach Kompetenzerleben und Wirksamkeit (Deci & Ryan, 1985). Sie wollen ihre Fähigkeiten unter Beweis stellen und sich als wirksam und kompetent erleben. Motivierend ist ein Unterricht bzw. sind Aufgaben dann, wenn sie als mittelschwer und zugleich herausfordernd wahrgenommen werden, aber nicht über- oder unterfordern (Rheinberg, 2004).

Die Schwierigkeit einer Aufgabe erleben Schülerinnen und Schüler unterschiedlich, daher ist es wichtig, angepasste Anforderungen an sie zu stellen, Forderungen, die sie in ihrer Entwicklung und in ihrem Lernen voranbringen. Den Schülerinnen und Schülern sollte etwas zugetraut werden, allerdings Unter- sowie Überforderung vermieden werden, denn bei Überforderung können Angst oder Hilflosigkeit und bei Unterforderung Langeweile auftreten. Emotionen (z. B. Freude oder Angst) spielen eine wichtige Rolle für das Lernen (Hascher & Hagenauer, 2011), sie können Lernprozesse, insbesondere kognitive wie auch motivationale Mechanismen, anregen, aber auch hemmen.

4.3.2 Klare Erwartungen, Regeln und Rituale

Die ersten Schulwochen mit einer neuen Klasse sind entscheidend. Soziale Beziehungen entstehen durch soziale Interaktionen und gemeinsame Erfahrungen. Es ist wichtig, dass Lehrpersonen bereits zu Beginn genug Zeit für den Aufbau tragfähiger sozialer Beziehungen einräumen und zugleich auch in der Klasse die Führung übernehmen. Dazu gehört beispielsweise auch, dass Erwartungen an die Schülerinnen und Schüler freundlich, aber bestimmt klar gemacht und diese begründet werden. Gegebenenfalls soll den Schülerinnen und Schülern auch aufgezeigt werden, wo die Grenzen liegen. Einige Schülerinnen und Schüler testen neue Lehrpersonen aus und schauen, was möglich ist und welches ihre Grenzen sind. Es ist einfacher, bereits früh klar und konsequent zu zeigen, wo die Grenze liegt, als viel später erst zu reagieren. Da kann die persönliche Reizschwelle auch einmal ein wenig tiefer angesetzt und frühzeitiger auf ein Verhalten oder eine Unterrichtsstörung reagiert werden. So kann eine Überreaktion (z. B. Schreien) verhindert und mit einem kühlen Kopf gelassen und niederschwellig gehandelt werden. Auch bei Konflikten mit Schülerinnen und Schülern gilt es, diese konstruktiv auszutragen und die Eskalation von Konflikten zu vermeiden.

Grenzen und klare Regeln sind für das soziale Miteinander und für den Unterricht wichtig, denn sie geben Halt und Orientierung.

Es sollten wenige sowie klar und positiv formulierte Regeln sein, die von den Schülerinnen und Schülern als sinnvoll erachtet werden. Die Regeln sollten allen bekannt sein und Lehrpersonen und Schülerinnen und Schüler sollten sich für die Umsetzung der Regeln gemeinsam verantwortlich fühlen. Wichtig bei der Umsetzung der Regeln ist, dass konsequent und relativ unmittelbar auf Regelverstöße reagiert wird. Willkürlichkeit, Intransparenz oder ein zu langes Warten kann ein Gefühl von Ungerechtigkeit bei den Schülerinnen und Schülern hervorrufen. Mit konsequentem Verhalten ist allerdings nicht rigides oder harsches Verhalten gemeint, sondern dass eine Lehrperson eine einheitliche Linie fährt und flexibel, transparent, glaubwürdig und fair handelt. Damit dies gelingt, gilt es, auch die Erwartungen an die Schülerinnen und Schüler klar zu kommunizieren und ihnen schon zu Beginn des Schuljahrs deutlich zu machen, welches Verhalten erwartet und welches nicht erwünscht ist. Strafen sollten sinnvoll und verhältnismäßig sein sowie äußerst sparsam eingesetzt und begründet werden. Welche Strafe sinnvoll und verhältnismäßig ist, hängt von der Situation wie auch von der jeweiligen Schülerin bzw. dem jeweiligen Schüler ab.

Routinen und Rituale helfen, den Unterricht zu strukturieren, insbesondere auch bei Übergängen. Es handelt sich um wiederkehrende Prozeduren oder Handlungsabläufe im Unterricht, die sowohl Schülerinnen und Schülern als auch Lehrpersonen Sicherheit und Orientierung geben. Sie entlasten, weil für alle Beteiligten klar ist, was sie erwartet und wie die Situation abläuft. Dazu gehören z. B. der Stundenbeginn oder das Stundenende, die Begrüßung am Morgen oder der Ablauf bei Gruppen- oder Einzelarbeiten. Diese können durch Signale, Gesten oder Symbole eingeleitet und unterstützt werden. Damit Routinen und Rituale im Unterricht auch Sicherheit und Orientierung bieten, müssen sie eingeübt werden.

4.4 Beziehungsorientierte Klassenführung

Unter Klassenführung werden im deutschsprachigen Raum v. a. Strategien und Techniken verstanden, die zu einer Minimierung von Störungen und Unterbrechungen im Unterricht und zu einer Maximierung von Lernzeit führen. Im Vergleich dazu sind im angloamerikanischen Raum die pädagogische Beziehung und die sozial-emotionale Unterstützung der Schülerinnen und Schüler auch ein wichtiger Bestandteil des Classroom Managements (Siwek-Marcon, 2021; Thies, Uhde & Hannemann, 2021). Zu einer relationalen Klassenführung gehören sowohl Strukturgebung als auch unterstützende Beziehungen. In Modellen interaktionaler oder relationaler Klassenführung ist die pädagogische Beziehung die Grundlage für die Klassenführung und eine förderliche Lernumgebung bzw. eine »gelingende Klassenführung [ist das] Ergebnis einer tragfähigen beidseitig gestalteten Lehrer-Schüler-Beziehung« (Siwek-Marcon, 2021, S. 208).

Durch eine symmetrische Beziehung zu den Schülerinnen und Schülern auf der sozialen Ebene verliert eine Lehrperson nicht ihre pädagogische Autorität oder ihre Führungsposition, sondern sichert diese, indem sie die Schülerinnen und Schüler ernstnimmt, sie wertschätzt und anerkennt und Vertrauen aufbaut. Wie bereits in Kapitel 4.1 zur pädagogischen Autorität erläutert, geht es darum, dass Schülerinnen und Schüler die Autorität einer Lehrperson ohne Zwang oder Gewalt anerkennen (▶ Kap. 4.1). Für diese Bereitschaft bilden Beziehungen der Ebenbürtigkeit die Grundlage. Während das pädagogische Verhältnis zwischen Lehrperson und Schülerinnen und Schülern asymmetrisch und komplementär ist, sollte das soziale Verhältnis zwischen ihnen egalitär und symmetrisch sein (Herzog, 2006).

Zentral ist, in der Aus- und Weiterbildung von Lehrpersonen verstärkt den Fokus auf eine beziehungsorientierte Klassenführung zu legen. Denn eine gelingende Klassenführung hängt mit der Gestaltung und der Qualität von pädagogischen Beziehungen zusammen. Die Studie von Siwek-Marcon (2021) konnte zudem einen Zusammenhang ausmachen zwischen der Thematisierung von relationalen Aspekten von Klassenführung (z. B. Beziehungsqualität, Stabilität und Tragfähigkeit des Arbeitsbündnisses) in der Aus- und Weiterbildung und der beobachteten Beziehungsqualität sowie den Klassenführungskompetenzen von Lehrpersonen einige Jahre später.

4.5 Zusammenfassung

In diesem Kapitel stand das Verhältnis zwischen der Beziehung zwischen Lehrperson und Schülerinnen und Schülern und der Klassenführung im Fokus. Wir haben gesehen, dass positive pädagogische Beziehungen keineswegs im Widerspruch zur Klassenführung stehen, sondern die Beziehung eine Grundlage für eine erfolgreiche Klassenführung bildet und diese unterstützt. Obwohl die Begriffe Autorität und Führung in der Schulpraxis zum Teil negativ konnotiert sind, ist es wichtig, dass Lehrpersonen in Schulklassen die Führung übernehmen, allerdings nicht ohne eine positive Beziehung zu den Schülerinnen und Schülern aufzubauen.

Auch wenn das Verhältnis zwischen der Lehrperson und den Lernenden auf der Handlungsebene des Unterrichts ein asymmetrisches und komplementäres ist, sollen sie sich auf der sozialen Ebene in einem egalitären, symmetrischen Verhältnis begegnen und respektvoll miteinander umgehen. Eine positive und qualitativ hochwertige Beziehung, in der sich die Interaktionspartnerinnen und -partner ernstgenommen, anerkannt und wertgeschätzt fühlen, bildet die soziale Grundlage für den Unterricht und somit sowohl für das Lernen als auch für das Lehren und die Klassenführung.

Teil II

Beziehungen in der Schulklasse

5

Beziehungen zwischen den Schülerinnen und Schülern

Schülerinnen und Schüler werden nicht nur durch die Eltern und die Lehrpersonen sozialisiert, sondern auch durch die Gleichaltrigen, welche wichtige Entwicklungspartnerinnen und -partner für Kinder und Jugendliche sind (Fend, 2006; Hartup, 1996).

In jedem Altersabschnitt stellen sich Kindern und Jugendlichen andere Entwicklungsaufgaben und gewisse können nur mit den Gleichaltrigen gelöst werden. Kinder im Alter von sechs bis zwölf Jahren stehen etwa vor der Entwicklungsaufgabe, den Umgang mit Gleichaltrigen zu lernen (Havighurst, 1972), und dies kann nur in der Interaktion mit den Peers geschehen.

Sowohl die Familie als auch die Gleichaltrigen sind für die Entwicklung von Kindern wichtig. Sie ergänzen einander, da sie jeweils Unterschiedliches zur Entwicklung beitragen (Youniss, 1994). Dies hängt u. a. auch mit der Unterschiedlichkeit der Beziehungen und den damit einhergehenden Interaktionen zusammen. Während Eltern über einen Wissens- oder Erfahrungsvorsprung verfügen und jeweils als Erziehende interagieren, begegnen sich Gleichaltrige auf Augenhöhe, beide Seiten haben gleich viel zu sagen und unterschiedliche Meinungen müssen verhandelt werden. Gleichaltrigenbeziehungen werden freiwillig eingegangen und können, anders als bei Eltern oder Geschwistern, auch wieder aufgelöst werden. Die Gleichaltrigen müssen ihre Meinung oder Interessen einbringen und vertreten, gleichzeitig aber auch auf das Gegenüber eingehen, wenn die Interaktion nicht scheitern soll. Für die sozial-emotionale Entwicklung, das Erlernen von aushandlungsbasierten Konfliktstrategien und die Identitätsentwicklung sind Gleichaltrige deshalb besonders wichtig.

Im ersten Teil dieses Kapitels steht die sozial-emotionale Entwicklung von Kindern im Zentrum, da sozial-emotionale Kompetenzen eine wichtige Voraussetzung für den Aufbau und den Erhalt von sozialen Beziehungen darstellen. Weiter werden wir uns mit der Entwicklung von Freundschaften im Kindesalter und Konflikten zwischen Kindern und Jugendlichen beschäftigen.

5.1 Sozial-emotionale Entwicklung

Beim Eintritt in den Kindergarten oder die Grundschule erhalten Kinder viele neue Eindrücke und machen Erfahrungen, sie stehen vor neuen Herausforderungen, die sie allein und außerhalb der Familie bewältigen müssen (Klinkhammer & von Salisch, 2015). Gerade in den Grundschuljahren gewinnen die Gleichaltrigen an Bedeutung und Interaktionen mit ihnen verlangen andere Formen der Emotionsregulation als beispielsweise die Eltern, so z. B. Mutproben oder Angst und Ekel überwinden (Klinkhammer & von Salisch, 2015).

Zu den Entwicklungsaufgaben in der frühen Kindheit gehört, dass Kinder lernen, mit den eigenen Gefühlen und den Gefühlen von anderen umzugehen. Im Verlauf der emotionalen Entwicklung bilden sich entsprechende Fertigkeiten aus und die Kinder erwerben emotionale Kompetenz (Petermann & Wiedebusch, 2016). Das heißt, sie lernen, ihre eigenen Emotionen wahrzunehmen, sich derer bewusst zu sein, diese mimisch oder sprachlich auszudrücken und selbstständig zu regulieren. Auch das Emotionswissen und -verständnis erweitert sich und die Kinder lernen, Emotionen bei anderen Menschen zu erkennen (Petermann & Wiedebusch, 2016).

Jüngere Kinder können ihre Emotionen und ihr Verhalten noch weniger gut kontrollieren und reagieren auf eine frustrierende Situation beispielsweise wütend oder aggressiv. Ein Kleinkind reißt dann beispielsweise seinem Geschwister das Spielzeug aus der Hand oder schlägt zu. Im Entwicklungsverlauf erlernen Kinder zunehmend Strategien, um ihre Emotionen selbstständig zu regulieren, sich nicht aggressiv, sondern prosozial zu verhalten, um eigene Ziele wie etwa ein Spielzeug zu erreichen und mit anderen zu verhandeln (Hawley, 1999).

Den Umgang mit eigenen und fremden Emotionen lernen Kinder in der Interaktion mit Gleichaltrigen und Erwachsenen. Emotionale Kompetenz ist eine wichtige Grundlage, um sich in sozialen Situationen kompetent verhalten zu können (Klinkhammer & von Salisch, 2015). Emotionale Kompetenz hängt mit der sozialen und schulischen Entwicklung von Kindern, z. B. dem erfolgreichen Aufbau von Beziehungen, zusammen (Petermann & Wiedebusch, 2016). Kinder, die über emotionale Fertigkeiten verfügen, weisen höhere soziale Kompetenzen auf, haben einen höheren sozialen Status in der Gruppe und werden besser akzeptiert von den Gleichaltrigen.

Die emotionale und soziale Entwicklung von Kindern sind, wie wir gesehen haben, verbunden. Ein umfassendes Emotionsverständnis und Emotionswissen sowie eine effektive Emotionsregulation bilden die Grundlage für das Sozialverhalten, die sozialen Interaktionen und den Aufbau von Beziehungen. Als sozial kompetentes Verhalten kann ein Verhalten bezeichnet werden, durch welches persönliche Ziele in sozialen Situationen »unter Wahrung der allgemeingültigen sozialen Regeln und Normen und unter Aufrechterhaltung der positiven Beziehungen zu anderen Personen über die Zeit und über verschiedene Situationen hinweg« erreicht werden (Scheithauer, Bondü, Hess & Mayer, 2016, S. 155). Soziale Kompetenzen beinhalten »verschiedene Aspekte der sozialen Handlungsfähigkeit. Neben sozial-kognitiven Fertigkeiten kommt auch sozial-emotionalen, motivationalen, kommunikativen sowie Interaktionsfertigkeiten eine bedeutende Rolle in der Genese interindividueller Kompetenzunterschiede zu« (Malti, Bayard & Buchmann, 2016, S. 53). Soziale Kompetenz umfasst also eine Vielzahl an verschiedenen Fähigkeiten (z. B. kognitive, motivationale und kommunikative), die für soziale Interaktionen und den Umgang miteinander wichtig sind.

5.1.1 Aggressives Verhalten

Aggressives Verhalten ist Teil der normativen Entwicklung. Entscheidend ist also, wie altersangemessen ein Verhalten ist und welche Ziele damit verfolgt werden. Gerade Kleinkinder zeigen häufig im Entwicklungsverlauf aggressives Verhalten, indem sie beispielsweise versuchen, durch aggressives Verhalten Autonomie zu erlangen und selbst zu bestimmen (Petermann & Koglin, 2013). Bei jüngeren Kindern ist also ein gewisser Grad an aggressivem Verhalten normal. Zusammen mit der fortschreitenden kognitiven und emotionalen Entwicklung nimmt meist das aggressive Verhalten ab. Kinder können sich dann immer besser auch sprachlich ausdrücken und ihre Emotionen selbstständig regulieren.

Doch dies gelingt nicht allen gleich gut. Kinder und Jugendliche unterscheiden sich hinsichtlich ihres aggressiven Verhaltens, einige verhalten sich auch im Kindergarten oder der Schule aggressiv und weisen aggressive Verhaltensmuster oder Schwierigkeiten im Sozialverhalten bzw. Verhaltensauffälligkeiten auf. Kinder und Jugendliche mit Schwierigkeiten im Sozialverhalten haben häufig Defizite in den emotionalen Fertigkeiten, d. h., sie verfügen über weniger Emotionswissen, können Emotionen von anderen weniger gut erkennen und deuten sowie die eigenen Emotionen weniger gut regulieren (Petermann & Koglin, 2013; Petermann & Wiedebusch, 2016). Sie sind auch weniger gut in der Lage, soziale Beziehungen zu anderen aufzubauen, und sind auch weniger beliebt bei den Gleichaltrigen (Dodge, 1983). Dadurch haben sie häufig auch weniger Freundschaften und ihre Auswahl an potenziellen Freundinnen und Freunden ist eingeschränkt. Längerfristig können aggressive Kinder und Jugendliche aufgrund ihres Verhaltens von den Gleichaltrigen ausgeschlossen werden. Eine solche soziale Exklusion kann die Entwicklung negativ beeinflussen, zu negativen Emotionen und zur Abnahme prosozialen Verhaltens führen (Twenge et al., 2001; 2007). Hinzu kommt, dass die wenigen Freundinnen und Freunde, die Kinder und Jugendliche mit Verhaltensauffälligkeiten haben, häufig ähnliche Probleme im Sozialverhalten aufweisen, was das aggressive Verhalten noch verstärkt (Dishion & Patterson, 2006; Hartup, 1996; 2005; Patterson & Yoerger, 1997; Smetana, Campione-Barr & Metzger, 2006). Dieser Effekt ist möglicherweise auf die Wechselbeziehung zwischen Selektionseffekten und gegenseitiger Sozialisation in der Peergruppe zurückzuführen. Sie suchen sich Freundinnen und Freunde, die ihnen ähnlich sind, und gleichzeitig kommt es zu einer Verhaltensangleichung sowie zu einer Bestärkung des ungünstigen Verhaltens durch die Peergruppe (Granic & Dishion, 2003; Prinstein & Wang, 2005; Wettstein, Bryjová, Faßnacht & Jakob, 2011; Wettstein, Scherzinger, Meier & Altorfer, 2013; Wettstein & Schild, 2012). Eine solche ungünstige Verhaltensangleichung wird auch als »Peer Contagion« bezeichnet (Brendgen et al., 2005; Dishion & Dodge, 2005; Dishion et al., 1995; 1996).

Aggressives Verhalten entsteht aus dem Zusammenspiel einer Vielzahl von bio-psycho-sozialen Risiko- und Schutzfaktoren. Auf der individuellen Ebene der Kinder oder Jugendlichen spielen z. B.

selbstregulative Fähigkeiten und sozial-kognitive Kompetenzen eine Rolle, da sie mit den Handlungen der Kinder und Jugendlichen zusammenhängen. Eine geringe Fähigkeit zur Emotionsregulation wie auch eine geringe Hemmung von Verhalten sind Risikofaktoren für aggressives Verhalten. Dies tritt z. B. dann auf, wenn sie ein gesetztes Ziel nicht erreichen, intensiven Ärger erleben und sich von den frustrierenden Reizen nicht gut ablenken und somit ihre emotionale Erregung verringern können (Petermann & Koglin, 2013).

Vorurteile bzw. Mythen über aggressives Verhalten können das Handeln von Lehrpersonen und damit auch die Beziehungsqualität und die Art der Unterstützung ungünstig beeinflussen. Deshalb ist es wichtig, sich dieser bewusst zu werden. Zu den häufigen Vorurteilen und Mythen gehören gemäß Petermann und Koglin (2013, S. 3):

1. Aggressive Kinder sind niemals Opfer.
2. Durch Ausagieren (Ausleben) wird aggressives Verhalten abgebaut.
3. Grund für die Zunahme der Aggression ist der Medienkonsum.
4. Wenn man genug Liebe erfahren hat, wird man im Leben niemals aggressiv.
5. Bei aggressiven Konflikten in Familien sind Kinder und Jugendliche immer der schwächste Teil.
6. Nur durch strenge Strafen bringt man aggressive Kinder und Jugendliche zur Einsicht und auf den richtigen Weg.
7. Aggressives Verhalten ist genetisch bedingt.

Zu Mythos 1: Aggressive Kinder und Jugendliche können sowohl als Täterinnen und Täter agieren als auch zum Opfer in der Peergruppe werden (Petermann & Koglin, 2013).

Zu Mythos 2: Das Ausleben von Aggression im Sinne der Katharsis-Hypothese (z. B. an einem Boxsack) führt nicht dazu, dass ein

Mensch danach weniger aggressiv ist. Diese Annahme ist in der Psychologie schon seit längerer Zeit widerlegt. Im Gegenteil, es kann sogar sein, dass danach mehr aggressives Verhalten gezeigt wird. Einige Menschen berichten auch, dass sie es genießen und sich anschließend besser fühlen, was wiederum das aggressive Verhalten verstärken kann.

Zu den Mythen 3, 4 und 7:
Isolierte Ursachen, wie z. B. der Medienkonsum, fehlende Liebe oder genetische Ursachen bzw. ein schlechter Charakter können aggressives Verhalten nicht erklären. Es wird stattdessen von einem multifaktoriellen Ursachengefüge ausgegangen, vielfältige biologische, psychologische und soziale Faktoren beeinflussen aggressives Verhalten.

Bei Risikokindern und -jugendlichen kann ein übermäßiger Medienkonsum aggressives Verhalten zusätzlich begünstigen. Kinder und Jugendliche brauchen verlässliche und liebevolle Bezugspersonen, aggressives Verhalten kann allerdings nicht mit mangelnder Liebe erklärt werden. Auch wenn aggressives Verhalten zum Teil vererbt wird, kann es nicht allein durch Gene bzw. einen schlechten Charakter erklärt werden (Petermann & Koglin, 2013).

Zu Mythos 5:
In familiären Konflikten müssen Kinder und Jugendliche nicht unbedingt der schwächste Teil sein, sondern sie können auch manipulativ und erpresserisch mit ihren Eltern umgehen und damit zur Gewalteskalation in der Familie beitragen (Petermann & Koglin, 2013).

Zu Mythos 6:
Harte Strafen können zwar eine abschreckende Wirkung haben, dadurch lernen Kinder und Jugendliche allerdings nicht sozial angemessenes Verhalten, sondern es wird lediglich das aggressive Verhalten unterdrückt. Zudem können Strafen auch die Beziehung beeinträchtigen (Petermann & Koglin, 2013).

Solche Vorurteile und damit verknüpfte Erwartungen an das Verhalten von Kindern und Jugendlichen mit Verhaltensauffälligkeiten können sich auf das Lehrpersonenverhalten im Unterricht auswirken und zu einer selbsterfüllenden Prophezeiung führen. Eine Lehrperson verhält sich entsprechend ihren Erwartungen, die sich dann auch im Verhalten der Kinder und Jugendlichen bestätigen. Deshalb ist es für Lehrpersonen wichtig, die eigenen Einstellungs- und Verhaltensmuster immer wieder auch zu reflektieren und kritisch zu hinterfragen: Was denke oder wie urteile ich über bestimmte Schülerinnen und Schüler? Wie erkläre ich ihr (aggressives) Verhalten? Welche alternativen, möglichen Erklärungen gibt es, die ich bisher nicht in Betracht gezogen habe? Welche Erwartungen habe ich an das Verhalten und die schulischen Leistungen? Wie verhalte ich mich gegenüber einem Schüler bzw. einer Schülerin mit einer Verhaltensauffälligkeit? Was geschieht, wenn ich meine Erwartungen und mein Verhalten ändere? Etc.

Beobachtungssystem zur Analyse aggressiven Verhaltens BASYS (Wettstein, 2008)

Das Beobachtungssystem BASYS von Wettstein (2008) wurde dazu entwickelt, aggressives Verhalten in schulischen Settings zu beobachten und zu analysieren. Es hilft Lehrpersonen, aggressives Verhalten von Schülerinnen und Schülern während des Unterrichtens differenziert wahrzunehmen und festzuhalten. Dazu werden fünf Formen aggressiven Verhaltens und eine Form oppositionellen Verhaltens in Abhängigkeit von Merkmalen des schulischen Kontexts erfasst. Durch die Identifikation von problematischen Person-Umwelt-Bezügen wird die Wahrnehmung von Lehrpersonen objektiviert und eine Grundlage für die Förderdiagnostik und Interventionsplanung geschaffen.

Das BASYS kann auch in der Aus- und Weiterbildung von Lehrpersonen für das Training eines differenzierten und reflexiven Umgangs mit aggressivem Verhalten und Störungen des Sozialverhaltens genutzt werden.

> **KTM kompakt. Basistraining zur Störungsreduktion und Gewaltprävention (Humpert & Dann, 2012)**
> Das KTM kompakt ist ein Trainingsprogramm zur Störungsreduktion und Gewaltprävention. Ausgehend von einer systemischen Sichtweise soll das Trainingsprogramm Lehrpersonen helfen, schwierige Unterrichtssituationen zu verstehen, ihren Handlungsspielraum zu erweitern und ihr Handeln zu verbessern. Es ist modular aufgebaut und kann schnell der jeweiligen Situation angepasst und umgesetzt werden.

> **Kinder mit Verhaltensauffälligkeiten und emotional-sozialen Entwicklungsstörungen. Förderung in inklusiven Schulklassen (Blumenthal, Casale, Hartke, Hennemann, Hillenbrand & Vierbuchen, 2020)**
> Dieses Buch befasst sich mit dem aktuellen Wissensstand zur inklusiven Pädagogik bei emotional-sozialen Entwicklungs- und Verhaltensstörungen. Vorgestellt werden u. a. bewährte Erklärungs- und Handlungsansätze und unterstützende Praxiskonzepte.

5.1.2 Schüchternheit und soziale Ängste

Schüchterne oder sozial unsichere bzw. ängstliche Kinder und Jugendliche haben Schwierigkeiten in sozialen Interaktionen, insbesondere im Knüpfen von Sozialkontakten und Freundschaften oder in Situationen, wo es angebracht wäre, sich durchzusetzen (Büch, Döpfner & Petermann, 2015). Ihnen fällt es z. B. schwer, auf Gleichaltrige und Erwachsene zuzugehen und sie anzusprechen, in einer Gruppe etwas zu sagen oder mit anderen zu spielen oder zu interagieren. Sie haben Angst, sich in sozialen Situationen zu blamieren. Die Schüchternheit oder Angst führt dazu, dass sie sich in sozialen Situationen zurückhalten, anderen beim Spielen zuschauen oder solche Situationen vermeiden und sich zurückziehen (Büch et al., 2015).

Da Schüchternheit eine Temperamentseigenschaft ist, finden sich auch individuelle Unterschiede, wie Kinder und Jugendliche mit neuen oder sozialen Situationen umgehen. Kinder sind manchmal oder in bestimmten Phasen schüchtern oder sozial unsicher bzw. haben soziale Ängste, das ist normal und weit verbreitet. Gewisse Ängste sind entwicklungstypisch und gehen wieder vorüber (Heinrichs & Lohaus, 2011; Schneider, 2012; Schneider & Seehagen, 2014). Solche sozialen Ängste sind von sozialen Angststörungen zu unterscheiden, bei denen starke und langanhaltende Ängste auftreten, die zu einer Beeinträchtigung und zu einem Leidensdruck beim Kind oder dem oder der Jugendlichen führen (Heinrichs & Lohaus, 2011; Schneider, 2012; Schneider & Seehagen, 2014). Bei Angststörungen brauchen Kinder und Jugendliche professionelle Unterstützung durch Fachpersonen und ggf. eine Therapie (Schneider & Popp, 2020).

Wie können Lehrpersonen schüchterne Kinder und sozial unsichere Kinder und Jugendliche in der Schule unterstützen und fördern? Für Kinder ist es wichtig zu wissen, dass Ängste normal sind, vorübergehen und sie lernen können, damit umzugehen (Schneider & Borer, 2007). Sie müssen sich ihren Ängsten stellen und Situationen nicht vermeiden, denn das Vermeidungsverhalten hält die Angst aufrecht oder verstärkt sie sogar. Lehrpersonen können auf der kognitiven und der Verhaltensebene ansetzen und die Schülerinnen und Schüler über Ängste aufklären, den hilfreichen Umgang mit Ängsten thematisieren und sie unterstützen, sich ihren Ängsten zu stellen. Bei sozialen Ängsten sind zudem auch die Vermittlung und das Einüben von sozialen Fertigkeiten wichtig.

> **Mutig werden mit Til Tiger. Ein Ratgeber für Eltern, Erzieher und Lehrer von schüchternen Kindern (Ahrens-Eipper & Nelius, 2009)**
> Dieser Ratgeber hilft u. a. Lehrpersonen dabei, schüchterne und sozial unsichere Kinder im Alter von vier bis zehn Jahren beim Abbau von Ängsten und Schüchternheit zu unterstützen. Die Kinder sollen selbstsicheres Verhalten und soziale Fertigkeiten erwerben und einüben. Begleitet werden sie vom schüchternen Tiger Til.

> **Emotionale Störungen und Verhaltensauffälligkeiten (Schneider & Popp, 2020)**
> Ziel dieses Buchs ist es, Lehrpersonen psychologische Grundfertigkeiten zu vermitteln, um emotionale Störungen und Verhaltensauffälligkeiten bei Schülerinnen und Schülern erkennen und Hilfsmaßnahmen einleiten zu können.

5.1.3 Förderung sozial-emotionaler Fertigkeiten

Die Förderung sozial-emotionaler Fertigkeiten und die Prävention von aggressivem oder ängstlichem Verhalten bzw. von Verhaltensauffälligkeiten in der Schule werden immer wichtiger. Es ist besser, Verhaltensauffälligkeiten vorzubeugen als diese zu therapieren. Im Zentrum der Prävention steht der Aufbau sozial-emotionaler Kompetenzen, da diese Risikofaktoren für Verhaltensauffälligkeiten wie aggressives Verhalten darstellen. Die Förderung setzt häufig in folgenden Bereichen an (Petermann & Koglin, 2013):

- emotionale Kompetenzen (z. B. Emotionserkennung, Emotionsregulation, Selbstregulation, Einfühlungsvermögen)
- sozial-kognitive Fähigkeiten (z. B. Wahrnehmung von Konflikten, Auswahl von Handlungsalternativen)

♦ Einüben sozialen Verhaltens (z. B. in Rollenspielen) und Förderung schulischer Kompetenzen

Die Prävention umfasst jede Art von vorbeugenden Maßnahmen. Es kann unterschieden werden, ob sich die Präventionsmaßnahmen

♦ an alle Personen, z. B. eine ganze Schulklasse richten,
♦ an eine Gruppe von Kindern oder Jugendlichen mit erhöhtem Risiko oder
♦ an jene Kinder und Jugendlichen, die ein sehr hohes Risiko aufweisen oder bereits erste Symptome zeigen (Petermann & Koglin, 2013).

Die Präventionsmaßnahmen der unterschiedlichen Ebenen bauen aufeinander auf, werden immer individueller und sollten aufeinander abgestimmt sein (Götze, Ziegenbalg & Mälzer, 2018).

Zur Prävention und Förderung im Klassenraum gehören einerseits die Förderung sozial-emotionaler Kompetenzen wie auch die Etablierung einer sicheren und positiven Lernumgebung (Blumenthal et al., 2020). Hierzu bilden eine wertschätzende Beziehung zwischen der Lehrperson und den Schülerinnen und Schülern und die Klassenführung die Grundlage. Da die Beziehung zu einzelnen Schülerinnen und Schülern sehr unterschiedlich sein kann, ist es für Lehrpersonen von Bedeutung, die unterschiedlichen Beziehungen wie auch allgemein die Beziehungsgestaltung zu reflektieren (Blumenthal et al., 2020).

Bei emotional-sozial entwicklungsgefährdeten Schülerinnen und Schülern ist wichtig, sie möglichst frühzeitig im Unterricht zu fördern. Häufig werden allerdings diese Kinder im Schulalltag nicht erkannt, weil die Anzeichen nicht kontinuierlich auftreten und in der Stärke wechseln. Neben standardisierten Verfahren kann auch ein regelmäßiges Grobscreening zur Einschätzung des Verhaltens durch Lehrpersonen eingesetzt werden (Blumenthal et al., 2020). Aufgrund des Grobscreenings wird anschließend entschieden, bei welchen Kindern eine differenziertere pädagogische Diagnostik vorgenommen wird. Hierzu kann z. B. der *Fragebogen Schulische Einschätzung des Verhaltens und der Entwicklung (SEVE)* bzw. die *Onlineversion (SEVO)* eingesetzt werden. Daraus lassen sich individuelle Förderziele für das Kind bestimmen und die nächsten Schritte der Förderung planen (Blumenthal et al., 2020).

»Lubo aus dem All« – 1. und 2. Klasse. Programm zur Förderung sozial-emotionaler Kompetenzen (Hillenbrand, Hennemann, Hens & Hövel, 2018)

Das Trainingsprogramm »Lubo aus dem All« für erste und zweite Klassen besteht aus 30 Grundeinheiten, die mit einer ganzen Gruppe ca. zweimal wöchentlich durchgeführt werden und mit 23 zusätzlichen Vertiefungsstunden je nach Bedarf ergänzt werden können. Enthalten im Programm sind ein Trainingsmanual, eine CD mit Liedern, eine Handpuppe (Lubo), Poster und Karten, Arbeitsblätter und Kopiervorlagen.

Verhaltenstraining für Schulanfänger (Petermann, Natzke, Gerken & Walter, 2016)

Das Verhaltenstraining für Schulanfänger ist ein Programm für ganze Schulklassen der ersten und zweiten Klassenstufen. Die Handpuppe Ferdi, ein Chamäleon, führt durch das Programm, welches aus 27 Einheiten zu Emotionswissen, -verständnis, -ausdruck und -kommunikation sowie Konfliktlösung und angemessenem Sozialverhalten besteht. Rahmengeschichte ist eine Schatzsuche, welche die Kinder motivieren soll.

Verhaltenstraining in der Grundschule (Petermann, Koglin, Natzke & von Marées, 2019)

Das Verhaltenstraining in der Grundschule ist modulartig aufgebaut und richtet sich an Gruppen von Kindern der dritten und vierten Klassenstufe. Gefördert werden Emotionswissen, Emotionsverständnis, Emotionsregulation sowie soziales Problemlösen, Zivilcourage und Moralentwicklung. In der Rahmengeschichte erleben vier Freundinnen und Freunde Abenteuer auf der Burg Duesternbrook.

Training mit Jugendlichen (Petermann & Petermann, 2017)
Das Training richtet sich an Jugendliche zwischen 13 und 20 Jahren an Haupt-, Real-, Berufs- und Förderschulen. Ziel ist das Einüben von Sozial- und Arbeitsverhalten wie beispielsweise der Selbst- und Fremdwahrnehmung, der Selbstkontrolle und des selbstsicheren Verhaltens. Zudem werden mit dem JobFit-Training auch Kompetenzen für den Einstieg in die Berufsausbildung gefördert.

5.2 Freundschaftsbeziehungen von Kindern und Jugendlichen

Freundschaften sind zentrale Beziehungen, die Kinder und Jugendliche freiwillig eingehen. Als Freundinnen und Freunde wählen wir Menschen aus, die uns in Bezug auf äußere Merkmale (z. B. Alter und Geschlecht), Interessen, Vorlieben und Eigenschaften ähnlich sind (Brück, 2019). In Freundschaftsbeziehungen lernen Kinder und Jugendliche ein tieferes und vertrauensvolles Verhältnis, eine Partnerschaft aufzubauen, in der aufeinander eingegangen und Rücksicht genommen wird (Petillon, 2017). Die Vorstellungen von Freundschaften verändern sich im Verlauf der Kindheit. Freundschaftskonzepte entwickeln sich zusammen mit der Fähigkeit der Perspektivenübernahme (Selman, 1984) bzw. mit Zunahme der Fähigkeit zur Ko-Konstruktion (Youniss, 1994).

Selman (1984) beschreibt fünf Stufen der Freundschaftsentwicklung, die an die Fähigkeit zur Perspektivenübernahme gebunden sind.

- Auf der Stufe 0 (3 bis 7 Jahre) können Kinder noch nicht zwischen der eigenen Perspektive und der von anderen unterscheiden. Freundschaften sind an Nähe und konkrete Aktivitäten wie das Spielen gebunden. Freundin und Freund ist, wer gerade in der Nähe ist und mit der bzw. dem man gerade spielt.
- Auf der Stufe 1 (4 bis 9 Jahre) können Kinder unterschiedliche Perspektiven noch nicht aufeinander beziehen. Freundinnen und Freunde sind diejenigen, die das tun, was man möchte (einseitige Hilfestellung).
- Ab Stufe 2 (6 bis 12 Jahre) kann die Perspektive des Gegenübers verstanden und berücksichtigt werden. Die Beziehung ist also wechselseitig (reziprok), allerdings noch instabil (Schönwetterkooperation).
- Auf Stufe 3 (9 bis 15 Jahre) stehen gegenseitige Intimität und Unterstützung im Zentrum. Freundinnen und Freunde unterstützen sich gegenseitig und es entsteht eine intime, überdauernde emotionale Bindung.
- Auf der letzten Stufe 4 (ab ca. 12 Jahren) geht es um Autonomie und Interdependenz. Hier wird Freundschaft als ein sich ständig veränderndes Gebilde verstanden und es wächst die Erkenntnis, dass man aus Freundschaften auch herauswachsen und neue eingehen kann. Freundschaften werden in einem größeren Zusammenhang und nicht mehr exklusiv gesehen.

Vorstellungen von Freundschaft von Kindern und Jugendlichen verändern sich über die Zeit, dabei gewinnen ähnliche Einstellungen, Interessen wie auch Loyalität und Vertrauen immer mehr an Bedeutung. Gleichzeitig nehmen Gespräche und der persönliche Austausch zwischen Freundinnen und Freunden zu.

Nach Youniss (1994) entwickeln sich Freundschaftskonzepte in Zusammenhang mit der Fähigkeit zur Ko-Konstruktion. Kinder im

Alter von sechs bis acht Jahren sehen Freundschaft als symmetrische Reziprozität nach dem Prinzip »Wie du mir, so ich dir«. Freundschaft wird als »Teilen und Spielen« definiert und bezieht sich in diesem Alter auf konkrete Aktivitäten wie das Spielen. Im Alter von neun bis zehn Jahren wird Reziprozität überdauernder und nicht mehr als sofortige Gleichbehandlung verstanden (»Wie du mir, so ich dir«). Reziprozität wird nun als Prinzip »Wann immer er/sie etwas braucht, werde ich ihm/ihr helfen« angesehen, nach dem man handelt. Eine Erwiderung muss also nicht unmittelbar und in Form von etwas Identischem erfolgen, sondern als etwas Gleichwertiges in unbestimmter Zukunft. In diesem Altersabschnitt werden die Bedürfnisse von Freundinnen und Freunden wichtiger. Sie bieten einander Hilfe an, unterstützen sich gegenseitig und teilen ihre Gefühle. Im Alter von ungefähr zwölf Jahren findet eine Ausweitung der Kooperation statt und Freundschaft kann auch dann weiterbestehen, wenn die Reziprozität fehlt oder negativ ist. In diesem Alter sprechen Freundinnen und Freunde in intimen Gesprächen über ihre Gedanken und Gefühle. Sowohl Selbsterfahrungen als auch persönliche Probleme können mit Freundinnen und Freunden besprochen und bearbeitet werden.

In den Grundschuljahren nehmen die Ansprüche an Freundinnen und Freunde, insbesondere an deren Sozialverhalten (Vertrauen, Hilfe, Empathie), zu und das wechselseitige und kooperative Handeln wird in Freundschaften immer wichtiger (Petillon, 2017). In der Grundschule lernen die Kinder ihre Mitschülerinnen und Mitschüler kennen und beginnen, Beziehungen und Freundschaften aufzubauen. Sie machen neue, vielfältige Erfahrungen und erleben erste Enttäuschungen. Auch in der weiterführenden Schule müssen Kinder und Jugendliche ihre Mitschülerinnen und Mitschüler z.T. neu kennenlernen, Beziehungen aufbauen und pflegen.

Freundschaftsbeziehungen haben eine wichtige Bedeutung und Funktion für die Entwicklung von Kindern und Jugendlichen (u.a. soziale und emotionale Kompetenzen, soziale Zugehörigkeit, Wohlbefinden und Persönlichkeitsentwicklung), weshalb diese auch gefördert und in der Schule thematisiert werden sollten. So beispielsweise anhand von folgenden Fragen: Wie und wann entstehen Freundschaften? Was zeichnet eine Freundschaft aus? Weshalb sind Freundschaften (für Kinder) wichtig? Wie knüpft man Freundschaften und hält sie aufrecht? Wie verhält man sich in Freundschaften?

> **Freundschaft & Konflikte – Differenzierte Materialien für den inklusiven Ethikunterricht (Röser, 2017)**
> Was macht Freundschaft aus? Wie geht man mit Konflikten um? Lernstationen zu Freundschaft und Konflikten für den inklusiven Unterricht (zweite bis vierte Klasse).

> **41 Bildkarten Philosophieren mit Kindern über Freundschaft (Calvert & Calvert, 2021)**
> Müssen Freundinnen und Freunde sich immer helfen? Wie viele Freundinnen und Freunde braucht man eigentlich? Grundlage bilden acht Fabelkarten mit Geschichten von Hund, Ente und Fuchs zum Thema Freundschaft. Mithilfe von 41 Bildkarten werden philosophische Fragen zum Thema Freundschaft aufgegriffen. Darin enthalten ist auch ein Booklet zur Orientierung in der Gesprächsführung mit pädagogischen und philosophischen Hinweisen für Lehrpersonen.

5.3 Konflikte unter Schülerinnen und Schülern

Wenn Schülerinnen und Schüler zusammen interagieren, kann es zu Konflikten kommen. Bei einem sozialen Konflikt sind die Ziele, Interessen oder Meinungen von Interaktionspartnerinnen und -partnern gegensätzlich oder unvereinbar und mindestens eine Partei fühlt sich bei der Verwirklichung ihrer Sichtweise oder Ziele beeinträchtigt oder bedroht (Glasl, 2020; Shantz, 1987). Obwohl Konflikte im Alltag zum Teil als etwas Negatives oder Unangenehmes angesehen werden und deshalb vermieden oder unterbunden werden, sind sie nicht grundsätzlich schlecht. Konflikte sind Teil des Schulalltags und für die kognitive und soziale Entwicklung von Kindern wichtig. Sie können auf Probleme aufmerksam machen und die kognitive und sozial-emotionale Entwicklung der Kinder und Jugendlichen vorantreiben (Scherzinger, 2018; 2020).

Konflikte mit Gleichaltrigen sind für Kinder und Jugendliche von Bedeutung, weil sie ein besonderes Lernfeld darstellen (Fend, 2003; Laursen, Finkelstein & Betts, 2001). Die Beziehungen unter Gleichaltrigen sind offener, weniger formal, fragiler und leichter kündbar als etwa die Beziehungen zu Familienangehörigen oder Lehrpersonen, weshalb Gleichaltrige für das Erlernen von Konfliktfähigkeit wichtig sind. Im Vergleich zu Konflikten mit Erwachsenen fordern Peerkonflikte aufgrund der symmetrischen Beziehung die Kinder und Jugendlichen anders heraus. Die eigene Sichtweise muss begründet und widersprüchliche Interessen oder Ziele müssen verhandelt werden (Youniss & Smollar, 1985). Wenn Konflikte konstruktiv ausgetragen werden, sind die Beteiligten darum bemüht, sowohl ihre eigenen Interessen zu erreichen als auch die Beziehung nicht zu gefährden. In destruktiven Konflikten wird hingegen auf die soziale Beziehung keine Rücksicht genommen, stattdessen wird versucht, die eigenen Anliegen durchzusetzen, zum Teil auch mit aggressiven Mitteln (Deutsch, 1994).

Allgemein lassen sich drei Konfliktstrategien (Laursen et al., 2001) unterscheiden:

- Aushandlung: Unvereinbare Interessen oder Ziele werden gemeinsam ausgehandelt.
- Vermeidung: Der Konflikt wird vermieden. Eine oder beide Parteien weichen dem Konflikt aus, wechseln das Thema, schweigen oder ziehen sich zurück.

♦ Durchsetzung: Persönliche Ziele oder Interessen werden durch aggressives und erzwingendes Verhalten, wie z. B. durch Erpressen, Drohen, Manipulieren oder Verletzen, versucht durchzusetzen.

Aggressives, erpresserisches oder erzwingendes Verhalten trägt zu einer Konflikteskalation bei (Glasl, 2020; Messmer, 2003) und beeinträchtigt kooperative Verhandlungen (Deutsch, 1994), insbesondere, wenn beide Parteien auf ihrer Position beharren und nicht bereit zu Verhandlungen oder Kompromisslösungen sind.

Konfliktmanagementfähigkeiten müssen Kinder erst erlernen, wobei Konfliktfähigkeit wie auch Kommunikationsfähigkeit Teil der sozialen Kompetenz sind. Eine Beobachtungsstudie von Krappmann und Oswald (1995) hat gezeigt, dass zehn- bis zwölfjährige Kinder in Konflikten noch relativ häufig ihr Gegenüber angreifen und versuchen, ihre Position durchzusetzen und selten verhandeln, aggressives und erzwingendes Verhalten demnach nicht außergewöhnlich ist. Im Verlauf der kognitiven und sozial-emotionalen Entwicklung und in Freundschaften kommen immer häufiger kooperative Konfliktstrategien und weniger Durchsetzungsstrategien zum Einsatz (Laursen et al., 2001).

Konflikte mit Freundinnen und Freunden unterscheiden sich von denen mit Kolleginnen und Kollegen. Wenn Kinder und Jugendliche Freundschaften aufrechterhalten und die Beziehung nicht gefährden wollen, gehen sie aufeinander ein und suchen nach einer gemeinsamen Lösung, ohne einseitige Machtanwendung bzw. Durchsetzung der eigenen Position und ohne Gefährdung der Freundschaft (Laursen et al., 1996; 2001).

Lehrpersonen sollten Konflikte zwischen Kindern und Jugendlichen nicht von vornherein unterbinden oder intervenieren, sondern ihnen die Möglichkeit geben, Konflikte selbst auszuhandeln und den Umgang mit Konflikten zu lernen. Das Friedenstifter-Training (Gasteiger-Klicpera & Klein, 2013) ist ein Programm für die ganze Klasse zur Verbesserung der Konfliktfähigkeit, insbesondere der Konfliktverhandlung von Kindern (siehe Kasten).

Wenn Kinder oder Jugendliche einen Konflikt nicht selbst lösen können, können Lehrpersonen oder auch Peers (ausgebildete Schülermediatorinnen und -mediatoren) sie durch Konfliktmediation bei der Konfliktaushandlung unterstützen, ohne dabei eine Lösung vorzugeben oder zu erzwingen.

Mobbing wird manchmal mit einem Konflikt verwechselt, doch Mobbing ist kein Konflikt. Bei einem Konflikt findet in der Regel ein Austausch auf Augenhöhe statt. Konfliktfähigkeit ist eine Kompetenz, die Kinder und Jugendliche lernen sollen, Mobbing hingegen ist eine spezielle Form aggressiven Verhaltens und gehört nicht zur Entwicklung von Kindern dazu. Es ist ein Gruppenphänomen, welches sich durch ein Ungleichgewicht der Kräfte auszeichnet und negative Folgen für die Betroffenen hat (Alsaker, 2004; 2017; Olweus, 2004). Dabei wird wiederholt, systematisch und über längere Zeit gegen ein bestimmtes, schwächeres Opfer vorgegangen und dieses geschädigt. Betroffene können Mobbing nicht selbstständig lösen, hier bedarf es einer Intervention durch Erwachsene, d. h., Lehrpersonen und/oder Sozialarbeiterinnen und -arbeiter müssen bei Mobbing eingreifen (zum Thema Mobbing siehe ▶ Kap. 6.4).

Das Friedenstifter-Training. Grundschulprogramm zur Gewaltprävention (Gasteiger-Klicpera & Klein, 2016)
Zu diesem Grundschulprogramm gehören 13 Unterrichtseinheiten zum Umgang mit Konflikten, es bezieht alle Schülerinnen und Schüler einer Klasse mit ein (nicht nur ein paar wenige Mediatorinnen und Mediatoren). Die Kinder lernen, dass Konflikte normal sind, mit diesen umzugehen und sie zu klären. Das Verhandeln und Lösen von Konflikten lernen die Schülerinnen und Schüler anhand der einzelnen Schritte der Friedensstifter-Brücke.

> **Schulmediation**
> Bei der Konfliktmediation werden die Konfliktparteien durch eine neutrale Drittperson bei der Konfliktaushandlung unterstützt. Für den Schulkontext hat der Bundesverband Mediation e. V. Standards für Mediation in Erziehung und Bildung entwickelt. https://www.bmev.de/aus-fortbildung/wie-werde-ich-mediatorin/standards/schulstandards.html [letzter Zugriff: Juni 2022]

5.4 Zusammenfassung

In diesem Kapitel standen die Beziehungen zu den Gleichaltrigen im Fokus. Gleichaltrige sind neben den Eltern für die kindliche Entwicklung, insbesondere die kognitive, sozial-emotionale und die Identitätsentwicklung wichtig. Aufgrund der symmetrischen Beziehung begegnen sich Gleichaltrige auf Augenhöhe, wobei unterschiedliche Sichtweisen verhandelt werden müssen. Da Peerbeziehungen anders als Beziehungen zu Familienmitgliedern auflösbar und fragiler sind, müssen Gleichaltrige ihre Sichtweisen oder Interessen einbringen und vertreten, gleichzeitig aber auch auf das Gegenüber eingehen, wenn die Beziehung aufrechterhalten werden soll (v. a. in Freundschaften).

Für den Aufbau und den Erhalt von sozialen Beziehungen benötigen Kinder sozial-emotionale Kompetenzen. Hier weisen einige Kinder und Jugendliche Defizite oder sogar Verhaltensschwierigkeiten auf, was ihnen zum Teil Schwierigkeiten in sozialen Interaktionen mit Peers und dem Aufbau und Erhalt von Beziehungen bereitet.

Für alle Schülerinnen und Schüler ist es wichtig, dass möglichst früh und präventiv sozial-emotionale Kompetenzen, der konstruktiven Umgang mit Konflikten und Freundschaften im Schulalltag gefördert werden.

6

Zugehörigkeitsgefühl und Klassengemeinschaft

»Vielfältige Untersuchungen geben Grund zur Annahme, dass von erwachsenen Erziehenden geschaffene Settings und Vorgaben ebenso wie ihr Vorbild die Qualität der Peer-Beziehungen maßgeblich beeinflussen, sodass es völlig falsch wäre anzunehmen, gute Beziehungen zwischen Peers würden sich quasi naturwüchsig herstellen, wenn man nur genug Freiheiten zuließe oder ein kinderfreundliches pädagogisches Konzept verfolge« (Prengel, 2019b, S. 73).

Eine Schulklasse ist eine Zwangsgruppierung, die sich in einem Spannungsfeld zwischen Zugehörigkeit und Konkurrenz bewegt. In der Schulklasse lernen die Schülerinnen und Schüler allein oder zusammen in der Gruppe, sie vergleichen sich hinsichtlich Leistungen oder informeller Werte und stehen in einem Konkurrenzverhältnis. Zugleich ist die Schulklasse für die Schülerinnen und Schüler ein wichtiges Identifikationsmerkmal gegenüber anderen und sie kann das Bedürfnis nach Zugehörigkeit und Gemeinschaft erfüllen. Da sich die Schulklasse als Gruppe nicht freiwillig gebildet hat, sondern ein Zwangsgebilde darstellt, ist es nicht selbstverständlich, dass sich die Schülerinnen und Schüler zugehörig fühlen und auch zusammenhalten. Die Schule ist ein »soziales Biotop« (Fend, 1998, S. 275) und Schülerinnen und Schüler müssen darin ihren Platz, ihre Position und Rolle finden. Es geht dabei um Fragen des Dazugehörens oder Ausgeschlossenseins, des im Mittelpunkt oder am Rande Stehens und des Sagen-Habens oder Sich-Wehren-Müssens (Fend, 1998; Krappmann & Oswald, 1995).

In diesem Kapitel stehen die sozialen Interaktionen und Beziehungen in der Schulklasse, insbesondere Gruppenprozesse, im Zentrum. Zuerst beschäftigen wir uns mit der Frage, was die Schulklasse als Gruppe auszeichnet und welche Bedeutung die Zugehörigkeit zu Gruppen für das Individuum hat. Im zweiten Teil wird erläutert, wie Gruppen das Individuum beeinflussen und weshalb sich Menschen gruppenkonform verhalten. Im nächsten Abschnitt widmen wir uns einerseits dem Gruppenzusammenhalt und der Kooperation und andererseits der sozialen Ausgrenzung. Abschließend befassen wir uns mit dem Gruppenphänomen Mobbing.

6.1 Die Schulklasse als Gruppe

Menschen gehören verschiedenen Gruppen an, z. B. Arbeitsgruppen, Freundesgruppen oder Freizeitgruppen. Die Attraktivität einer Gruppe ist dabei von verschiedenen Merkmalen wie beispielsweise der Sympathie unter den Mitgliedern oder dem Status der Gruppe abhängig (Becker, 2016). Durch die Mitgliedschaft in sozialen Gruppen und aus dem Wert sowie der emotionalen Bedeutung, die wir daraus ableiten, konstruieren wir soziale Identität (Tajfel, 1982).

Eine Gruppe besteht aus mehreren Personen, die zusammen interagieren und sich gegenseitig beeinflussen. Dabei sind sich die Gruppenmitglieder ihrer Zugehörigkeit zur Gruppe bewusst, interagieren über eine bestimmte Zeitspanne hinweg und teilen ein je nach Gruppe unterschiedlich ausgeprägtes Wir-Gefühl (Abele, 2008; Piontowski, 2011). Gruppenmitglieder haben mindestens eine Eigenschaft oder ein Merkmal gemeinsam, sehen sich als Teil einer Einheit an und verfolgen gemeinsam ein Ziel. In Gruppen entwickeln sich zudem Normen zur Regulation der sozialen Interaktionen und es entstehen Regeln über Rechte, Verpflichtungen und Aktivitäten von Gruppenmitgliedern (Piontowski, 2011).

Das *minimale Gruppenparadigma* zeigt, dass bereits die Wahrnehmung eines gemeinsamen Merkmals ausreichen kann, damit ein Wir-Gefühl und die Abgrenzung von einer anderen Gruppe entstehen. Tajfel, Billig, Bundy und Flament (1971) führten zum minimalen Gruppenparadigma ein Experiment durch. Sie teilten die Schülerinnen und Schüler einer Schule aufgrund ihrer Präferenz für die Maler Klee oder Kandinsky in zwei Gruppen ein. Anschließend wurden die Versuchspersonen gebeten, bestimmte Geldbeträge an zwei Personen zu verteilen, von denen sie jeweils nur wussten, ob sie zur Klee- oder Kandinsky-Gruppe gehörten. Es gab zu diesem Zeitpunkt keine soziale Interaktion zwischen den Mitgliedern einer Gruppe und auch nicht zwischen den beiden Gruppen. Obwohl die Versuchspersonen bei der Verteilung der Gelder eine gewisse Fairness walten ließen, zeigen die Ergebnisse, dass Mitglieder der eigenen Gruppe, die ursprünglich willkürlich gebildet wurde, bevorzugt wurden. Das minimale Gruppenparadigma macht deutlich, dass bereits ein einziges Merkmal oder eine Eigenschaft ausreicht, um sich als Teil einer Gruppe bzw. Einheit zu sehen, und die eigene Gruppe tendenziell bevorzugt wird.

6.1.1 Formelle und informelle Gruppen

Gruppen können formell oder informell sein, dies ist abhängig von der Freiwilligkeit der Gruppenmitgliedschaft. Wenn die Zugehörigkeit zu einer Gruppe frei gewählt, ihr also freiwillig beigetreten wird, handelt es sich um eine informelle Gruppe (z. B. Freundschaftsgruppen). Wenn die Mitgliedschaft in einer Gruppe hingegen nicht frei wählbar ist, spricht man von einer formellen Gruppe. Die Schulklasse ist eine sogenannte formelle Gruppe, die nicht freiwillig gebildet wird. Sie entsteht in der Regel aufgrund der Einteilung von Schülerinnen und Schülern des gleichen Jahrgangs und/oder nach ihren Leistungen (Ulich, 2001). Zudem ist »kennzeichnend für eine Klasse als formale Gruppe [...], dass ihre Ziele durch Bildungspläne vorgegeben werden, nicht selbst setzbar und nur wenig veränderbar sind« (Abele, 2008, S. 421). Innerhalb von Schulklassen bilden sich informelle Untergruppen, zwischen denen bei einer guten Klassengemeinschaft ein engerer Kontakt und ähnlichere Ziele bestehen (Abele, 2008).

Gerade die »Tatsache, dass Schulklassen eben keine ›natürlichen‹ Gruppen sind, impliziert für die Schüler/innen immer auch die Notwendigkeit, sich mit den anderen zu arrangieren, den Zwang, mit ihnen auszukommen« (Ulich, 2001, S. 51). Dies mag in einigen Klassen gut funktionieren, in anderen Klassen kann es hingegen zu Problemen und Schwierigkeiten führen, indem sich Subgruppen bilden, die sich gegenseitig befeinden oder bekämpfen. Gemäß Abele (2008, S. 421) ist es wünschenswert, »dass sich die Gesamtklasse zu einer informellen Gruppe mit positiven persönlichen Beziehungen und mit hoher Zustimmung zu den vom Lehrplan gesetzten Zielen entwickelt«, da dies die Attraktivität und den emotionalen Wert der Zugehörigkeit steigert. Eine entscheidende Rolle spielt dabei die Zustimmung der informellen Anführerin bzw. des Anführers zu den formellen Zielen des Unterrichts und der Schule. Für Lehrpersonen ist es deshalb entscheidend, Einfluss darauf zu nehmen, wer unter den Schülerinnen und Schülern mit welchen Mitteln die Gruppe anführt (▶ Kap. 6.1.4).

6.1.2 Gruppennormen

In der Gesellschaft existieren soziale Normen, das sind konkrete Vorschriften, die das Sozialverhalten betreffen und die mögliche Handlungsformen in einer sozialen Situation definieren. Es handelt sich dabei um Erwartungen der Gesellschaft an das konkrete Verhalten von Individuen. Soziale Normen vereinfachen soziales Handeln, da sie es ermöglichen, Erwartungen über das Verhalten anderer Menschen zu bilden.

Normen unterliegen immer auch dem sozialen Wandel, sie sind gesellschaftlich und kulturell bedingt und daher von Gesellschaft zu Gesellschaft unterschiedlich. Während beispielsweise im Jahre 1880 von den Schülerinnen und Schülern erwartet wurde, dass alle aufstehen und strammstehen, wenn der Lehrer ins Klassenzimmer tritt, gelten heute andere soziale Normen.

Die Einhaltung von sozialen Normen wird von Mitmenschen oder von Personen in einer bestimmten Machtposition (z. B. Lehrpersonen) kontrolliert. Sie können sowohl auf eine Normeinhaltung als auch auf einen Normbruch reagieren, beispielsweise mit einer positiven Verstärkung wie einer Belohnung oder einer Sanktion in Form einer Bestrafung. Für die Einhaltung einer Norm erhält man allerdings selten eine positive Reaktion, sondern viel häufiger auf einen Normbruch eine negative Reaktion. Verhält sich jemand entsprechend einer Norm, ohne dabei bewusst an die mit dieser Norm verbundenen Sanktionen zu denken, so hat er die Norm internalisiert.

In Gruppen und somit auch in Schulklassen entwickeln sich Gruppennormen in Bezug auf akzeptables Verhalten und diese haben einen Einfluss auf das Verhalten der Gruppenmitglieder. Nicht in allen Klassen finden sich die gleichen sozialen Normen und Regeln. Die Klassenzusammensetzung spielt eine entscheidende Rolle, welche sozialen Normen sich in der Klasse herausbilden und gelten. Studien haben beispielsweise gezeigt, dass aggressives Verhalten nur in Gruppen mit einem bereits tiefen Aggressionsniveau wenig akzeptiert ist. In Gruppen hingegen, in denen aggressives

Verhalten aus Sicht der Kinder und Jugendlichen normativ ist, gab es keinen Zusammenhang zwischen der Aggressivität und einer niedrigen Akzeptanz (Boivin, Dodge & Coie, 1995; Dodge, Coie, Pettit & Price, 1990). Geltende Klassen- oder Gruppennormen und das Aggressionsniveau einer Klasse spielen demnach eine Rolle, inwieweit beispielsweise Kinder und Jugendliche, die sich aggressiv verhalten, akzeptiert und Teil der Gruppe sind.

In Gruppen entwickeln sich, wie wir gesehen haben, soziale Normen, welche einerseits durch Gruppenprozesse beeinflusst sind und andererseits wiederum auch die Gruppenprozesse beeinflussen. In jeder Schulklasse bilden sich klassenspezifische Normen heraus, welche auch für die Anerkennung und Ablehnung von Schülerinnen und Schülern eine wichtige Rolle spielen. Entscheidend ist, dass Lehrpersonen Gruppenprozesse wahrnehmen, immer wieder die Normen überprüfen und gegebenenfalls die Normbildung in ihrer Klasse so beeinflussen oder die Normen verändern, dass sich positive und entwicklungsförderliche Normen in der Klasse etablieren. Lehrpersonen tragen durch ihr Verhalten und das gesamte Unterrichtssetting zur Qualität der Interaktionen und Beziehungen unter den Schülerinnen und Schülern bei (Prengel, 2019b).

6.1.3 Gruppenbildung und -entwicklung

Modelle zur Gruppenbildung helfen, die Entstehung und Entwicklung von gruppenbezogenen Strukturen und Rollen und auch den Verlauf von aufgabenbezogenen und sozio-emotionalen Prozessen zu beschreiben (Piontowksi, 2011). Nach Tuckman (1965) durchlaufen Gruppen bei der Entstehung und Entwicklung folgende vier Phasen: Forming, Storming, Norming und Performing (vgl. hierzu auch Ophardt & Thiel, 2013; Piontowksi, 2011).

- Das *Forming* ist eine Phase der Orientierung. Hier wird die Situation eingeschätzt, die Gruppenmitglieder lernen sich kennen

und Beziehungen werden aufgebaut. In der Gruppe werden die interpersonalen und aufgabenbezogenen Grenzen getestet.
- In der zweiten Phase, dem *Storming*, tauchen Gruppenkonflikte auf, und zwar auf der interpersonalen Ebene und der Aufgabenebene. Hier kann es zu Selbstdarstellungen, Positions- und Machtkämpfen und der Bildung von Subgruppen kommen.
- In der dritten Phase, dem *Norming,* wird es wieder harmonischer. Erste differenziertere Rollen bilden sich in der Gruppe heraus, Gruppennormen und Ansätze einer Gruppenidentität entwickeln sich. In dieser Phase entsteht langsam ein Wir-Gefühl und der Gruppenzusammenhalt nimmt zu.
- In der vierten Phase, dem *Performing*, kann sich die Gruppe auf die Aufgabe konzentrieren und die Mitglieder kooperieren. Funktionelle Rollen und eine Gruppenidentität haben sich gebildet und ein Wir-Gefühl ist vorhanden.

Diese vier Phasen helfen zu verstehen, wie sich eine zum Schuljahresbeginn neu gebildete Schulklasse als Gruppe bildet und entwickelt oder in welcher Phase eine Klasse im Verlauf des Schuljahres in ihrer Gruppenbildung steckt. Eine Gruppe durchläuft allerdings nicht automatisch alle Phasen und kann auch wieder in eine frühere Phase zurückfallen. Eine kritische Phase für die Gruppenbildung stellt das Storming (zweite Phase) dar, da es hier zu Konflikten kommen kann.

> »Einzelne rebellieren, demonstrieren ihre Individualität und Unabhängigkeit, wehren sich gegen die Übernahme von Verpflichtungen. Erst ein gelungener Übergang zur Phase des ›norming‹ schafft die Voraussetzungen für die Herausbildung einer Gruppenidentität und damit die Bereitschaft ›being more sensitive to one another‹ (Tuckman, 1965, S. 396)« (Ophardt & Thiel, 2013, S. 19).

Wichtig ist, dass Gruppen die Phase des Stormings erfolgreich meistern und einen gemeinsamen Konsens hinsichtlich Aufgaben, Rollen und Zielen finden, damit sie in die Norming-Phase gelangen und sich ein Wir-Gefühl entwickeln kann. Zentral für Lehrpersonen ist also, ein besonderes Augenmerk auf die Phasen des Stormings und des Normings zu legen und die Klasse in diesen Phasen bei der Konfliktaushandlung und der Entwicklung von positiven sozialen Normen zu begleiten und zu unterstützen.

6.1.4 Gruppenstrukturen

In einer Gruppe übernehmen die Mitglieder unterschiedliche Rollen und diese sind wiederum in Statushierarchien eingebettet. Der soziale Status gibt an, inwiefern eine Schülerin bzw. ein Schüler eine zentrale Position in der Gruppe einnimmt, Zugang zu begehrten Ressourcen hat und diese kontrollieren kann (Chance & Larsen, 1976; Van Vugt, 2006). Kinder und Jugendliche mit einem hohen sozialen Status werden von den anderen Gruppenmitgliedern angesehen, stehen häufig im Zentrum und erhalten positive Aufmerksamkeit. Sie lancieren Aktivitäten und können Gruppenmitglieder zum Mitmachen bewegen (Wettstein, 2008).

Der soziale Status sagt allerdings noch nichts über die Beliebtheit von Schülerinnen und Schülern aus. Dieser ist nicht mit sozialer Beliebtheit zu verwechseln, es handelt sich hier um zwei unterschiedliche Konzepte (Bukowski, 2003). Soziale Beliebtheit (Cillessen & Rose, 2005) bezeichnet, wie sehr ein Kind von den Mitschülerinnen und -schülern gemocht wird. In der Forschung wird dies meist über die Nennung der beliebtesten Kinder oder Jugendlichen erfasst (»mag ich am liebsten« bzw. »mag ich am wenigsten«). Aus der Differenz positiver und negativer Nominierungen wird schließlich das Maß für die Beliebtheit errechnet. Beliebt sind Schülerinnen und Schüler, neben denen die anderen gerne sitzen und mit denen sie gerne ihre Freizeit verbringen oder die zu Geburtstagsfeiern eingeladen werden.

In der Forschung finden sich mittlere Korrelationen zwischen dem sozialen Status und der Beliebtheit. Es ist also möglich, dass eine Schülerin bzw. ein Schüler über einen hohen sozialen Status verfügt und bei den anderen nicht beliebt ist oder dass sie bzw. er in der Gruppe beliebt ist, allerdings kaum Einfluss auf die Gruppe ausüben kann.

Basierend auf dem Zusammenhang zwischen sozialem Status und Beliebtheit unterscheidet Hawley (1999; 2002) drei Arten von Anführerinnen und Anführern: Tyranninnen und Tyrannen (*bullies*), prosoziale Anführerinnen und Anführer (*prosocial leaders*) und Bistrateginnen und Bistrategen (*Macchiavellis*).

- *Tyranninnen und Tyrannen* schüchtern ein oder setzen erpresserische und aggressive Strategien ein, um ihre eigenen Interessen durchzusetzen und die Gruppenmitglieder zu kontrollieren. Sie haben zwar einen hohen sozialen Status, sind aber nicht beliebt und werden häufig von den anderen Kindern oder Jugendlichen gefürchtet.
- *Prosoziale Anführerinnen und Anführer* verhalten sie gegenüber den anderen prosozial, wodurch sie einen hohen sozialen Status in der Gruppe erlangen. Prosoziale Strategien beruhen auf Kooperation, Überzeugung, Überredung und Reziprozität (»Hilfst du mir, so helfe ich dir«). Weil sie sich um das Wohl der Gruppe sorgen und die Gruppenmitglieder unterstützen, werden sie als Anführerinnen und Anführer anerkannt.
- *Bistrateginnen und Bistrategen* bezeichnet Hawley (1999; 2002) auch als Machiavellis. Sie verhalten sich situationsangepasst entweder prosozial oder erpresserisch bzw. aggressiv, wodurch sie meist erfolgreich in der Kontrolle von sozialen Situationen sind.

Lehrpersonen können durch ihr Handeln Einfluss darauf nehmen, welcher Typ von Anführerin bzw. Anführer in einer Klasse die Führungsrolle übernimmt. Entscheidend dabei ist, welchem Verhalten der Schülerinnen und Schüler die Lehrperson welche Aufmerksamkeit (positive oder negative) schenkt und welche Regeln und Grenzen gesetzt werden. Werden im Unterricht eher prosoziale Schülerinnen und Schüler ins Zentrum gestellt und unterstützt, indem die Lehrpersonen ihnen Verantwortung überträgt? Oder erhalten eher diejenige negative Aufmerksamkeit, die sich erpresserisch oder aggressiv verhalten? Wie reagiert die Lehrperson konkret auf erpresserischeres, einschüchterndes und aggressives Verhalten unter den Schülerinnen und Schülern? Wird dieses mit sparsamen Mittel unterbunden und klar gemacht, dass dieses Verhalten unangemessen ist und nicht toleriert wird? Ist die Lehrperson auch sensibilisiert auf subtile, indirekte aggressive Verhaltensweisen und bemerkt, wenn beispielsweise Kinder oder Jugendliche ausgeschlossen oder Gerüchte über sie verbreitet werden?

Gerade indirekte Formen von Aggression (z. B. Gerüchte verbreiten, andere ausschließen) erweisen sich für Kinder und Jugendliche als effektiv in der Ressourcenkontrolle. Denn indirekte Formen werden von Lehrpersonen oft weniger gut erkannt und deshalb auch weniger sanktioniert. Im Schulalltag ist es daher wichtig, v. a. auch prosoziales Verhalten zu verstärken und zu belohnen und die sozialen Normen der Klasse sowie das Klassenklima derart zu verändern, dass aggressive Durchsetzungsstrategien nicht mehr attraktiv sind und verstärkt werden.

Entscheidend dabei ist auch, von wem und wie eine Gruppe angeführt wird (z. B. Tyranninnen und Tyrannen oder prosoziale Anführerinnen und Anführer), denn dies beeinflusst, welche Gruppennormen sich in der Klasse entwickeln. Gruppenstrukturen und die Beziehungsmuster unter den Schülerinnen und Schüler prägen die Möglichkeiten für sozial akzeptiertes Verhalten. Während ein bestimmtes Verhalten in einer Klasse als legitim angesehen wird, führt es in einer anderen Klasse zu Ablehnung oder wird sanktioniert. Es kann sich eine Klassenkultur entwickeln, in der Mitschülerinnen und Mitschüler unterstützt oder ausgegrenzt werden.

Mit Soziogrammen lassen sich die soziale Rangordnung in der Klasse grafisch darstellen (Blumenthal et al., 2020; von Ameln & Kramer, 2014). Wettstein (2008) entwickelte im Rahmen des Beobachtungssystems BASYS ein Verfahren, mit dem der sozialen Status aller Schülerinnen und Schüler einer Klasse anhand von Leitfragen eingeschätzt werden kann:

- Wer hat in der Gruppe das höchste Ansehen und steht oft positiv im Zentrum der Aufmerksamkeit?

- Wer tritt oft als Initiatorin bzw. Initiator von Aktivitäten auf und kann die Mitschülerinnen und Mitschüler zum Mitmachen motivieren?
- Wer stellt sich häufig prahlend zur Schau?
- Wer initiiert häufig körperliche Kontakte und spielt mit verschiedenen Mitschülerinnen und Mitschülern?
- Wer greift bei Streit schlichtend ein und vermittelt?
- Wer in der Klasse kontrolliert begehrte Ressourcen wie z. B. beliebte Spiele?
- Wer hat bei der Verteilung einer begehrten Ressource wie z. B. eines Geburtstagskuchens oder eines Spiels die Kontrolle über die Mitschülerinnen und Mitschüler?
- Wer behält bei (Rauf-)Spielen die Oberhand?

Folgende Fragen können helfen, Schülerinnen und Schüler mit einem tiefen sozialen Status zu identifizieren:

- Wer bewegt sich kaum von seinem Platz und pflegt wenig soziale Kontakte?
- Wer steckt Schläge und Übergriffe stillschweigend ein?
- Wer vermeidet den Blickkontakt zu seinen Mitschülerinnen und Mitschülern?

Beobachtungssystem zur Analyse aggressiven Verhaltens BASYS (Wettstein, 2008)
Mit dem BASYS (Wettstein, 2008) können Lehrpersonen u. a. die Rangbeziehungen zwischen den Schülerinnen und Schülern mit wenig Aufwand erheben und grafisch darstellen. Mithilfe des beiliegenden Computerprogramms werden zu jedem Kind vier Fragen beantwortet, anschließend berechnet das Programm die Rangposition des Kindes innerhalb der Klasse und stellt diese grafisch dar. So erhalten Lehrpersonen einen Überblick über die Positionen der einzelnen Schülerinnen und Schüler im Klassengefüge, womit eine Grundlage für die pädagogische Intervention geschaffen wird.

6 Zugehörigkeitsgefühl und Klassengemeinschaft

Mit Soziogrammen lassen sich nicht nur soziale Rangordnungen, sondern auch das soziale Beziehungsgefüge in der Klasse (Subgruppen, Freundschaften, Außenseiterinnen und Außenseiter) grafisch darstellen. Die Fragen zielen hier auf die Beliebtheit bzw. Sympathie und Antipathie von Schülerinnen und Schülern ab. So zum Beispiel:

- Wen möchtest du gerne als Pultnachbarin oder Pultnachbarn?
- Neben wem möchtest du auf keinen Fall sitzen?
- Mit wem verbringst du deine Freizeit?
- Wen lädst du zu deinem Geburtstagsfest ein?
- Mit wem möchtest du in den Urlaub fahren?
- Mit wem möchtest du bei Gruppenarbeiten nicht zusammenarbeiten?

Die positiven Wahlen und die Ablehnungen ergeben eine Gruppenstruktur, die im Soziogramm grafisch dargestellt wird.

Durch die Erfassung von Sympathien und Ablehnungen in der Klasse ist es zudem möglich, den Zusammenhalt einer Klasse, der abhängig von den Beziehungen zwischen den Schülerinnen und Schülern ist, abzuschätzen (Piontowski, 2011).

Für Lehrpersonen kann es aufschlussreich sein, das soziale Gefüge und die Rangordnung innerhalb der Klasse zu kennen, um beispielsweise die Beziehungen unter den Schülerinnen und Schülern positiv zu beeinflussen, schwächere Schülerinnen und Schüler zu schützen und prosoziale Leaderinnen und Leader zu fördern. Es lohnt sich deshalb, genau hinzuschauen und herauszufinden, wer in der Klasse den Ton angibt, wer sich eher unterordnen muss oder gar abgelehnt und ausgegrenzt wird. Rangordnungen bilden sich schnell. In den ersten Wochen werden diese unter den Schülerinnen und Schülern in neu gebildeten Klassen ausgehandelt und bleiben anschließend relativ stabil.

6.2 Sozialer Einfluss und Konformität

Gruppen haben einen großen Einfluss auf Individuen. Von sozialem Einfluss wird dann gesprochen, wenn Menschen durch die »tatsächliche, vorgestellte oder implizite Anwesenheit anderer Menschen beeinflusst werden« (Allport, 1954, S. 5, zit. nach Hewstone & Martin, 2014, S. 270). Die Beeinflussung kann beiläufig, aber auch absichtlich erfolgen.

6.2.1 Beiläufiger Einfluss

Wir alle kennen den Effekt, dass die bloße Anwesenheit anderer unsere Leistung fördern, aber manchmal auch hemmen kann. Beim beiläufigen Einfluss, der nicht absichtlich erfolgt, kann die Anwesenheit von anderen einerseits zu einer sozialen Erleichterung und zu einer besseren Leistung des Individuums führen, andererseits aber auch zu einer sozialen Hemmung und zu einer schlechteren Leistung (Hewstone & Martin, 2014). Zu einer sozialen Erleichterung kommt es v. a. bei leichten oder Routineaufgaben, wohingegen sich die soziale Hemmung häufiger bei schwierigen und neuartigen Aufgaben zeigt. Hierbei spielen auch die erwartete Leistungsbewertung und die Bewertungsangst, die mit der Anwesenheit anderer Menschen verbunden sind, eine zentrale Rolle. Weniger die Aufgabenschwierigkeit führt zu sozialer Erleichterung oder sozialer Hemmung in der Gruppe, sondern die Erwartung, dass man eine gute oder schlechte Leistung erbringen wird und ob man von den anderen der Gruppe bewertet wird. Wenn beispielsweise eine Schülerin erwartet, dass sie gute Leistung erbringen und von den anderen bewertet wird, kann die Anwesenheit von Mitschülerinnen und Mitschülern die individuelle Leistung sogar steigern. Wenn sie allerdings das Gefühl hat, dass sie weniger gute Leistung erbringen und dementsprechend beurteilt wird, führt dies eher zu einer sozialen Hemmung bzw. zu einer weniger guten Leistung, als wenn sie die Aufgabe allein ohne Anwesenheit anderer ausgeführt hätte.

Gerade in Schulklassen darf dieser beiläufige soziale Einfluss der Gruppe auf das Verhalten der Schülerinnen und Schüler im Unterricht, sowohl im Klassenverband als auch bei Partner- und Gruppenarbeiten, nicht unterschätzt werden.

Weshalb lassen sich Menschen von anderen beeinflussen und passen sich einer Gruppe an? Unser Verhalten in Gruppen wird beeinflusst durch Normen, die sich innerhalb der Gruppe herausbilden, und den Druck, diesen Normen zu folgen (Konformitätsdruck) und sich gruppenkonform zu verhalten. In neuartigen Situationen oder wenn Menschen unsicher sind, vergleichen sie sich, ihre Meinungen und Fähigkeiten, mit anderen und lassen sich eher von ähnlichen anderen leiten und verhalten sich gruppenkonform. Neben einem solchen sozialen Vergleich spielt aber auch der normative und informationale Einfluss eine Rolle, weshalb Menschen sich von anderen beeinflussen lassen (Hewstone & Martin, 2014). Beim informationalen Einfluss werden die Informationen der anderen akzeptiert, was längerfristig auch zu einer Veränderung der eigenen Urteile, Meinungen und Einstellungen führt. Beim normativen Einfluss passt sich ein Individuum der Gruppe an, um die Harmonie nicht zu gefährden, positive Beziehungen aufzubauen und nicht für das eigene Verhalten sozial bestraft oder gar abgelehnt zu werden.

Dittes und Kelley (1965) konnten nachweisen, dass der normative Einfluss in Abhängigkeit des sozialen Status der Versuchsteilnehmenden innerhalb der Gruppe variiert. Am meisten Konformität zeigten Gruppenmitglieder mit einem mittleren sozialen Status, wohingegen jene mit einem hohen und einem tiefen sozialen Status weniger Konformität zeigten. Während Gruppenmitglieder mit einem hohen sozialen Status sich Abweichungen von der Gruppennorm leisten können, haben diejenigen mit einem tiefen sozialen Status wenig zu verlieren.

6.2.2 Absichtlicher Einfluss

Neben dem beiläufigen sozialen Einfluss kann ein Individuum auch absichtlich durch andere beeinflusst werden. Dabei werden gezielt Versuche unternommen (z. B. in Form einer Bitte) und implizit oder explizit Druck ausgeübt, damit die Zielperson einwilligt oder nachgibt (sog. Compliance).

Auch Mehrheiten und Minderheiten üben sozialen Einfluss aus. Die Konformität wird u. a. durch die Gruppengröße, Einstimmigkeit, soziale Unterstützung und Kultur beeinflusst (Hewstone & Martin, 2014). Ein bekanntes Experiment zum Mehrheitseinfluss stammt von Asch (1951), welches den Versuchsteilnehmenden als Wahrnehmungsexperiment angekündigt wurde. Einer Gruppe von acht Versuchspersonen wurden Bilder von jeweils einer Standardlinie und drei Vergleichslinien mit unterschiedlicher Länge gezeigt. Die Probanden sollten herausfinden, welche Vergleichslinie der Länge der Standardlinie entsprach und ihr Urteil laut in der Gruppe den Versuchsleitenden mitteilen. Tatsächlich war nur ein Versuchsteilnehmer ein echter Proband, die anderen waren eingeweiht und gaben teilweise falsche Urteile ab. Das Experiment zeigt, dass sich die Versuchsteilnehmenden durch die Mehrheit der Gruppe beeinflussen ließen und auch offensichtlich falsche Urteile abgaben.

Insgesamt steigt die Gruppenkonformität, wenn Menschen Teil einer Gruppe sind und das Bedürfnis haben, gemocht zu werden (normativer Einfluss) oder »Recht« zu haben (informationaler Einfluss). Für das Individuum kann Konformität bedeuten, dass es Dinge nun »richtig« sieht und dass es Zustimmung und Akzeptanz von anderen erhält. Konformität trägt zum Aufbau und zur Erhaltung sozialer Beziehungen bei, da die wahrgenommene Ähnlichkeit zu positiveren sozialen Beziehungen führt. Während Konformität durch soziale Anerkennung belohnt wird, müssen Gruppenmitglieder, die von der Gruppennorm abweichen, hingegen mit sozialer Bestrafung oder Ablehnung rechnen. Schließlich hilft Konformität auch, ein Selbstkonzept zu vermeiden, nach dem das Individuum anders oder abweichend ist, und trägt auch zur Aufwertung des Selbstbilds bei. Dieser Effekt findet sich bereits bei vierjährigen Kindern. Haun und Tomasello (2011) zeigten in einer Studie, dass vierjährige Kinder selbst dann eine Mehrheitsmeinung öffentlich unterstützten, wenn sie diese eigentlich für falsch hielten. Sie verhielten sich konform, weil sie von der Gruppe akzeptiert werden wollten.

Aber nicht nur Mehrheiten habe einen Einfluss, sondern auch Individuen oder Minderheiten können eine Mehrheit beeinflussen. Dieser Einfluss ist wichtig, weil sich so auch neue Ideen entwickeln, es zu Innovationen kommt und sich Gruppen ändern. Das Besondere am Einfluss von Minderheiten ist, dass sie viel eher als Mehrheiten einen Validierungsprozess in Gang setzen, d. h., dass sich Mitglieder der Mehrheit inhaltlich mit der Position der Minderheit auseinandersetzen, um sie zu verstehen. Dieser Validierungsprozess kann schließlich zu einer Veränderung der eigenen Meinung oder Einstellung führen. Im Gegensatz dazu passen sich Minderheiten Mehrheiten eher an, um akzeptiert zu werden, ohne dabei ihre Einstellung oder Position entscheidend zu verändern (Hewstone & Martin, 2014).

6.3 Zusammenhalt und Kooperation

Der Gruppenzusammenhalt wird in der Psychologie auch als Gruppenkohäsion bezeichnet (Festinger, 1950; Nijstad & Van Knippenberg, 2014). Gemeint ist das Zusammengehörigkeitsgefühl, der innere Zusammenhalt einer Gruppe, welcher durch gemeinsame Ziele und Motive gewährleistet wird und die Zufriedenheit sowie die Partizipation der Mitglieder fördert (Becker, 2016). Je nach Aufgabe, Ziel und Gruppennormen kann der Gruppenzusammenhalt die Funktionstüchtigkeit der Gruppe steigern, indem das Zusammengehörigkeitsgefühl die Akzeptanz von Gruppenzielen und die Motivation sowie das Engagement der Mitglieder für die Gruppe fördert.

Mit folgenden Maßnahmen kann der Gruppenzusammenhalt gesteigert werden (Becker, 2016):

- Durch die Förderung von Interaktion und Nähe: gemeinsam Zeit verbringen, gemeinsame Rituale und Aktivitäten.
- Ähnlichkeiten und Gemeinsamkeiten betonen, denn das fördert die Sympathie zwischen den Mitgliedern und das Wir-Gefühl.
- Erfolge in der Klasse feiern, das steigert den Stolz und die Zufriedenheit der Mitglieder.
- Förderung der Akzeptanz von gemeinsamen Zielen (z. B. durch Partizipation bei Zielvereinbarung, Klassenrat).
- Vermeidung von Ungerechtigkeitsgefühlen, da diese die Attraktivität der Gruppe mindern.
- Der Wettbewerb mit anderen Klassen stärkt das Wir-Gefühl.

Für Schülerinnen und Schüler ist das Zugehörigkeitsgefühl wichtig, denn es beeinflusst das Gefühl, ein Teil der Gemeinschaft und sozial eingebunden sowie wertgeschätzt und respektiert zu sein. Daher sollten in Schulklassen die Klassengemeinschaft, der Zusammenhalt und der Teamgeist gefördert werden.

> Klippert, H. (2019). *Teamentwicklung im Klassenraum. Bausteine zur Förderung grundlegender Sozialkompetenzen* (11., komplett überarbeitete und aktualisierte Aufl.). Weinheim, Basel: Beltz.

6.3.1 Soziale Ausgrenzung und Integration

Soziale Beziehungen sind für Schülerinnen und Schüler und ihre Entwicklung wichtig. Im Grundschulalter stehen Schülerinnen und Schüler vor der Entwicklungsaufgabe, sich in die Gleichaltrigengruppe einzugliedern und Freundschaften aufzubauen und zu pflegen (Blumenthal et al., 2020). Dies gelingt nicht allen Kindern gleich gut. Gerade Kinder mit Verhaltensproblemen haben ein erhöhtes Risiko, von den anderen ausgegrenzt zu werden, weniger Interaktionen mit Mitschülerinnen und Mitschülern und weniger Freundschaften zu haben (Blumenthal et al., 2020). Dies ist auch für weiterführende Schulen relevant, da Kinder und Jugendliche, die über weniger sozial-emotionale Kompetenzen verfügen, von Gleichaltrigen auch eher abgelehnt werden. Dadurch fehlen ihnen einerseits wichtige soziale Kontakte und andererseits haben sie weniger Gelegenheiten, sozial kompetentes Verhalten einzuüben. Im Jugendalter kommt hinzu, dass die Gleichaltrigen sowie Freundinnen und Freunde an Bedeutung gewinnen und diese beispielsweise für die Persönlichkeitsentwicklung der Jugendlichen eine zentrale Rolle spielen. Jugendlichen, die von den Gleichaltrigen abgelehnt werden und keine Freundinnen und Freunde haben, fehlen diese wichtigen sozialen Beziehungen, die helfen, Autonomie und sozial-emotionale Kompetenzen zu entwickeln.

Daher ist es für Lehrpersonen zentral, dass sie einerseits mangelnde soziale Partizipation erkennen und andererseits die soziale Teilhabe aller Schülerinnen und Schüler einer Klasse präventiv fördern.

Soziale Ausgrenzung erkennen

Zur Erfassung der sozialen Integration von Schülerinnen und Schülern können Beobachtungs- und Befragungsmethoden eingesetzt und verschiedene Quellen (Schülerinnen und Schüler, Lehrperson, Mitschülerinnen und -schüler) befragt werden (Blumenthal et al., 2020). Systematische Beobachtungen und soziometrische Befragungen (Soziogramme) sind neben alltäglichen Beobachtungen von großer Bedeutung. Soziogramme liefern wichtige Informationen zur Beziehungsstruktur wie Status, Freundschaften, Gruppen innerhalb einer Klasse und sie können gezielt genutzt werden, um Schülerinnen und Schüler für kooperatives Lernen auszuwählen. Da allerdings Soziogramme wenig über die Qualität der Beziehungen oder das Erleben der Schülerinnen und Schüler aussagen, sollte auch ihre Sichtweise erfasst und die verschiedenen Informationen in Beziehung zueinander gesetzt werden – beispielsweise, indem die Schülerinnen und Schüler mit Fragebogen zu ihrem Wohlbefinden und der sozialen Integration in der Klasse befragt werden. Ein solches Vorgehen ergibt ein klareres Bild und erhöht die Gültigkeit der Daten.

Soziale Integration fördern

Die präventive Förderung sozialer Integration kann auf der Ebene der Klasse und je nach Förderbedarf (z. B. bei Verhaltensproblemen) auch auf der individuellen Ebene der Schülerin bzw. des Schülers ansetzen (Blumenthal et al., 2020). Um die soziale Integration in der ganzen Klasse zu fördern, ist es zentral, die Gruppenidentität durch gemeinsame Ziele und Aktivitäten zu fördern und zu stärken. Weiter können auch Programme und Trainings zur Förderung eines respektvollen Miteinanders und gegenseitiger Wertschätzung eingesetzt und sozial-emotionale Fähigkeiten gefördert werden (▶ Kap. 5.1.3), indem beispielsweise Strategien zur Kontaktaufnahme, der Aufbau von Freundschaften oder der Umgang mit Konflikten thematisiert werden (Blumenthal et al., 2020).

Ein weiterer zentraler Faktor für die soziale Integration und eine inklusive Schule ist die Einstellung gegenüber Verschiedenheit und Vielfalt. »Es geht also darum, im Rahmen einer Schule für alle miteinander und voneinander zu lernen und jede Einzelne, jeden Einzelnen als gleichwertiges Mitglied der Gemeinschaft zu akzeptieren und zu anerkennen« (Sahli Lozano, Vetterli & Wyss, 2017, S. 45). Dabei sollten nicht nur die Verschiedenheit, Andersartigkeit oder Besonderheit von Schülerinnen und Schülern als Differenzen thematisiert, sondern zugleich auch Gemeinsamkeiten hervorgehoben werden. »Es geht um die Wertschätzung von Verschiedenheit und Wertschätzung von Gemeinsamkeit« (Sahli Lozano et al., 2017, S. 45). Denn gerade die Gemeinsamkeiten und die Sympathie für die anderen sind eine wichtige Grundlage für die Gruppenidentität und das Wir-Gefühl. In der Schule geht es um den »Aufbau einer sozialen und verantwortlichen Lerngemeinschaft, also um die Konstruktion eines gemeinsamen sozialen Raums« (Lanfranchi, 2013, S. 234). Dies erfordert neben der Anerkennung des Individuums auch den gemeinsamen Austausch und die Aushandlung, z. B. indem gemeinsam Regeln und Umgangsformen erarbeitet werden (Lanfranchi, 2013).

Wie geht man in einer Klasse mit Gruppen um, die sich gegenseitig befeinden? Hier zeigt die Forschung, dass der Kontakt innerhalb der Gruppe und zwischen Gruppen Vorurteile abbaut, wenn die Möglichkeit zum Knüpfen von Bekanntschaften besteht, kooperativ auf ein gemeinsames Ziel gearbeitet wird und dies in einem positiven und unterstützenden normativen Umfeld stattfindet, in dem alle den gleichen Status haben (Spears & Tausch, 2014). Die Kontakthypothese wurde bereits 1954 von Gordon Allport entwickelt und seither mehrfach empirisch belegt (Pettigrew & Tropp, 2006). Wagner, Christ, Pettigrew, Stellmacher und Wolf (2006) konnten zeigen, dass in Bezirken mit zunehmendem Anteil an Ausländerinnen und Ausländern die Vorurteile durch den Kontakt sinken.

Es ist die Aufgabe von Lehrpersonen, dafür zu sorgen, dass alle Schülerinnen und Schüler einer Klasse dazugehören und niemand zurückbleibt oder ausgeschlossen wird. Dazu gehört, dass alle als Menschen wahrgenommen, anerkannt und wertgeschätzt werden. Es ist wichtig, dass Lehrpersonen genügend Interesse und Zeit aufbringen, um positive Beziehungen in der Klasse aufzubauen und zu pflegen. Beziehungen, die durch gegenseitige Achtung, Anerkennung und Vertrauen geprägt sind (Wettstein & Scherzinger, 2022). Lehrpersonen spielen dabei eine entscheidende Rolle, indem sie auf verletzendes Verhalten reagieren und die Kinder und Jugendlichen zu gegenseitiger Anerkennung anleiten. »In dem Maße, in dem Lehrkräfte sich ihren Schülerinnen und Schülern gegenüber respektvoll verhalten, sind sie auch Vorbilder, und ein wohlwollendes Klima kann entstehen« (Prengel, 2019c, S. 75).

6.3.2 Kooperatives Lernen

Kooperative Lernformen eignen sich zur Förderung der sozialen Integration (Blumenthal et al., 2020) und zur Stärkung des Zusammenhalts der Schulklasse. Kooperative Lernformen sind mehr als Gruppenarbeiten. Kooperative Gruppenarbeiten zeichnen sich durch eine positive wechselseitige Abhängigkeit und individuelle Verantwortlichkeiten aus. Dabei wird gemeinsam im Team gelernt, etwas erarbeitet oder gelöst (Borsch, 2018). Jede und jeder muss einen Beitrag leisten, um das gemeinsame Ziel zu erreichen (z. B. beim Gruppenpuzzle oder bei kooperativen Spielen, bei denen im Team gearbeitet oder gespielt und nur zusammen ein Auftrag bearbeitet oder ein Spiel gewonnen werden kann). Ohne Kooperation und die Beiträge von allen kann das Ziel nicht erreicht werden. Die Gruppenmitglieder sind also alle aufeinander angewiesen, jede und jeder hat eine Aufgabe und zum Teil auch eine andere Rolle.

Damit kooperatives Lernen gelingt, sollte der Unterricht so gestaltet sein, dass Kooperation überhaupt möglich oder gar notwendig ist. Ob kooperative Lehr-Lernprozesse gelingen, hängt von Merkmalen der zu lösenden Aufgabe ab (McGrath, 1984; Steiner, 1976). Nicht jede Aufgabe eignet sich für kooperative Settings, entscheidend ist, ob eine positive wechselseitige Abhängigkeit gegeben ist, wie beispielsweise bei einer Seilschaft beim Bergsteigen, bei der die Mitglieder aufeinander angewiesen sind und das Erklimmen eines Gipfels nur zusammen im Team erreicht werden kann (Borsch, 2018). Von einer negativen wechselseitigen Abhängigkeit wird dann gesprochen, wenn die Gruppenmitglieder nicht wechselseitig und in einem positiven Sinn voneinander abhängig sind, wie z. B. in Wettbewerbssituationen, bei denen es um den Erfolg und das Gewinnen von Einzelnen geht (Borsch, 2018).

Lehrpersonen sollten sich deshalb die Frage stellen, inwieweit eine Aufgabe für kooperative Lernformen geeignet ist und auch tatsächlich die Kooperation fördert und ob jedes Gruppenmitglied einen Beitrag leisten muss.

6 Zugehörigkeitsgefühl und Klassengemeinschaft

Mit kooperativen Gruppenarbeiten werden im Unterricht nicht nur kognitive, sondern auch soziale Lernziele verfolgt (Borsch, 2018). Team- und Kooperationsfähigkeit ist dabei besonders wichtig. Damit ist die »Fähigkeit [gemeint], Gruppensituationen und die dort gestellten Aufgaben zu bewältigen« (Petillon, 2017, S. 29). Kooperation bedeutet, dass die Tätigkeiten in der Gruppe koordiniert werden müssen, um ein gemeinsames Ziel zu erreichen oder eine gemeinsame Aufgabe zu lösen, die allein nicht zu bewältigen wäre. Es geht also um die Fähigkeit und Bereitschaft, gemeinsam produktiv zusammenzuarbeiten. Dabei müssen die Schülerinnen und Schüler einerseits die Gruppensituation meistern und andererseits die Aufgabe bearbeiten.

Da sich soziales Lernen immer im Dreieck von Person – Interaktion – Gruppe vollzieht, setzen die Kooperation und deren Förderung auf unterschiedlichen Ebenen an (Petillon, 2017).

- Auf der individuellen Ebene geht es um den Erwerb von Kompetenzen, wie sich in Gruppenprozesse einbringen, Regeln beachten und aushandeln, sich zugunsten von Gruppenzielen unterordnen oder die Vorteile gemeinsamen Handelns erkennen können.
- Auf der Interaktions- und Gruppenebene stehen interaktions- und gruppenbezogene Fähigkeiten im Zentrum, wie mit anderen zusammenarbeiten, Perspektiven koordinieren oder Konflikte lösen können.

> **Kooperatives Lernen. Theorie, Anwendung, Wirksamkeit (Borsch, 2018)**
> Frank Borsch geht in seinem Buch auf die Theorie kooperativen Lernens ein, stellt verschiedene kooperative Methoden vor (u. a. das Gruppenpuzzle, reziprokes Lehren und Lernen oder das Gruppenrallye) und beschreibt die Rolle und Aufgaben von Lehrpersonen bei kooperativen Lernformen.

> **Soziales Lernen in der Grundschule – das Praxisbuch (Petillon, 2017)**
> In diesem Buch von Hans Petillon werden im ersten Teil die theoretischen Grundlagen zum sozialen Lernen in der Grundschule erläutert. Im zweiten Teil finden sich zahlreiche Anregungen, Ideen und Beispiele für die Praxis (u. a. Kontakte anbieten und annehmen, Vertrauen geben und erhalten, Kooperation, Umgang mit Konflikten oder mit Gefühlen, Gemeinschaft).

6.4 Mobbing vorbeugen und verhindern

Mobbing kann in jeder sozialen Gruppe und somit auch in jeder Schulklasse auftreten (Wachs & Schubarth, 2021). Mobbing ist ein Gruppenphänomen, welches sich im sozialen Kontext einer Gruppe oder eben einer Klasse abspielt (Gumpel, Zioni-Koren & Bekerman, 2014). Betroffen sind also nicht nur Opfer sowie Täterinnen und Täter, sondern eine ganze Gruppe bzw. die ganze Klasse. Alle Gruppenmitglieder nehmen dabei unterschiedliche Rollen ein: z. B. Mobbende, Opfer, Zuschauende, Verstärkende, Assistierende oder Verteidigende. Es gibt Täterinnen und Täter, die mobben und auch selbst gemobbt werden und solche, die selbst nicht gemobbt werden (Perren & Alsaker, 2006). Letztere haben einen eher hohen Status in der Gleichaltrigengruppe und verfügen meist über hohe soziale Kompetenzen, weshalb Mobbing von Lehrpersonen oft nicht erkannt wird (Hymel & Swearer, 2015).

6.4.1 Systematisch und wiederholt gegen Schwächere

Mobbing ist eine spezielle Form aggressiven Verhaltens, die sich systematisch gegen ein bestimmtes Opfer richtet (Alsaker, 2004; 2017; Olweus, 2004). Das Mobbingopfer ist klar unterlegen, kann sich nicht wehren und wird über einen längeren Zeitraum systematisch und wiederholt schikaniert. Das kann Wochen, Monate oder Jahre dauern. Da bei Mobbing immer ein Ungleichgewicht der Kräfte vorliegt, ist es Aufgabe von Erwachsenen bzw. Lehrpersonen, Mobbing zu unterbinden.

Nicht jedes aggressive Verhalten, das wiederholt auftritt, ist Mobbing. Wenn ein oder zwei einzelne Kinder sich immer wieder aggressiv gegenüber Mitschülerinnen und Mitschülern verhalten, handelt es sich nicht um Mobbing. Von Mobbing wird dann gesprochen, wenn ein oder mehrere Kinder zusammen systematisch und wiederholt ein psychisch oder physisch unterlegenes Kind mobben, das sich kaum wehren kann (Alsaker, 2004; 2017; Olweus, 2004; Hymel & Swearer, 2015). Dies kann in physischer (z. B. Schlagen, Zerstören von Gegenständen), verbaler (z. B. Beschimpfen, Drohen, Erpressen), relationaler Form (z. B. Isolation, sozialer Ausschluss und Gerüchte verbreiten) oder im Cyberspace sogenanntes Cybermobbing (Belästigungen mittels elektronischer Medien) erfolgen (Chen, Cheng & Ho, 2015).

Offene, direkte Formen wie physisches oder verbales Mobbing werden von Lehrpersonen besser erkannt als verdeckte, indirekte Formen wie relationales Mobbing. Dies wird dadurch erschwert, dass hier keine direkte Konfrontation erfolgt und es den Mobbenden darum geht, nicht erkannt zu werden oder sich aus der Situation herausreden zu können (Alsaker, 2017).

Drei zentrale Merkmale von Mobbing (Alsaker, 2004, 2017; Wachs, Hess, Scheithauer & Schubarth, 2016):

- Mobbing tritt *wiederholt* und über einen *längeren Zeitraum* auf (Wochen, Monate oder Jahre).

- Den Mobbenden geht es darum, das Opfer zu schädigen.
- Es besteht ein Ungleichgewicht der Kräfte, d.h. Täterinnen und Täter sind psychisch, körperlich und/oder sozial überlegen und die Opfer können sich nicht wehren.

6.4.2 Cybermobbing

Cybermobbing hat in den letzten Jahren zugenommen und ist ein »wachsendes Problem« – so die Ergebnisse der Studie »Cyberlife III« des Bündnisses gegen Cybermobbing (Beitzinger, Leest & Schneider, 2020). Gerade die COVID-19-Pandemie habe dieses Problem noch verschärft. Die Ergebnisse der Befragung der Schülerinnen und Schüler zeigen, dass mehr als ein Drittel der befragten Schülerinnen und Schüler im Alter zwischen acht und 21 Jahren schon einmal gemobbt wurden und rund 17 % bereits Opfer von Cybermobbing (v. a. über Instant-Messaging-Dienste und soziale Netzwerke) wurden. Am häufigsten berichteten sie, beschimpft und beleidigt worden zu sein, wie auch, dass Gerüchte über sie verbreitet oder sie verleumdet wurden. Allerdings gaben auch 13 % der Schülerinnen und Schüler an, bereits Täterinnen bzw. Täter von Cybermobbing gewesen zu sein. Besonders betroffen sind gemäß Cyberlife III die Gesamtschulen, Haupt- und Werkrealschulen. Im Vergleich dazu sind Grundschulen und Gymnasien weniger betroffen. Allerdings wurde auch jedes zehnte Grundschulkind schon einmal Opfer von Cybermobbing. Mobbing im Netz ist also längst nicht mehr nur ein Problem bei Jugendlichen, sondern auch bei Grundschülerinnen und -schülern.

Das Erkennen von Cybermobbing ist für Erwachsene schwer, v. a. wenn Kinder oder Jugendliche nicht darüber sprechen. Cybermobbing kann direkt und indirekt erfolgen, dies ist abhängig davon, ob die betroffene Person weiß, wer was über sie geschrieben hat (Alsaker, 2017). Studien zeigen, dass Kinder und Jugendliche, die im Cyperspace schikaniert werden, auch häufiger in traditioneller Weise gemobbt werden (Perren, Dooley, Shaw & Cross, 2010; Smith et al. 2008). Bei Anzeichen auf Mobbing ist es deshalb wichtig, Kinder und Jugendliche auch auf Cybermobbing anzusprechen (Alsaker, 2017).

6.4.3 Mobbing ist kein Konflikt

Wenn Kinder oder Jugendliche physisch und psychisch etwa auf Augenhöhe sind und miteinander streiten, handelt es sich nicht um Mobbing. Bei einem Streit bzw. Konflikt geht es um unterschiedliche Meinungen, Ziele oder Interessen zwischen den Interaktionspartnerinnen und -partnern. Diese können konstruktiv oder destruktiv (z. B. durch aggressives Verhalten) ausgehandelt werden (▶ Kap. 5.3). Konflikte unter Gleichaltrigen gehören zum Schulalltag dazu, sie fördern die soziale Entwicklung. Schülerinnen und Schüler lernen dabei, ihre Meinungen zu vertreten, Lösungen auszuhandeln, Kompromisse zu finden, sich durchzusetzen oder auch einmal nachzugeben (Scherzinger, 2018). Bei einem Konflikt geht es um einen konkreten Inhalt, z. B. gegensätzliche Spielvorstellungen, bei Mobbing hingegen steht die Schädigung des Opfers durch aggressives Verhalten (z. B. physisch, verbal oder relational) im Zentrum. Während Konflikte zur sozialen Entwicklung von Kindern und Jugendlichen dazu gehören, tut es Mobbing nicht bzw. hindert diese sogar und bietet keine positiven Lernmöglichkeiten. Daher ist es wichtig, Mobbing von Konflikten zu unterscheiden und möglichst frühzeitig Anzeichen von Mobbing zu erkennen und auch zu intervenieren.

6.4.4 Weshalb Lehrpersonen oft nichts unternehmen

Für Lehrpersonen ist es oft nicht einfach, Mobbing als solches zu erkennen und effektiv darauf zu reagieren (Wettstein, Scherzinger & Ott, 2020). Dies kann verschiedene Gründe haben:

- *Abwesenheit der Lehrperson.* Mobbing findet nicht nur im Unterricht, sondern auch auf dem Schulweg, in unbeaufsichtigten Pausensituationen oder im Cyberspace statt.
- *Subtile Formen:* Im Unterricht werden von Lehrpersonen subtile, verdeckte Formen von Mobbing oft nicht erkannt und bemerkt (Cole, Cornell & Sheras, 2006; Pellegrini & Bartini, 2000). Gemäß Berichten von Schülerinnen und Schülern bemerken Lehrpersonen in ihrer Anwesenheit jedes dritte Mobbing nicht (Dudziak et al., 2017).
- *Schweigende Opfer:* Da Betroffene die Repressionen von Täterinnen und Tätern fürchten, sich beschämt fühlen oder Angst haben, dass ihnen die Lehrperson keinen Glauben schenkt, ist es für Lehrpersonen nicht immer einfach, Informationen zu Mobbingvorfällen zu erhalten.
- *Fehlendes Wissen:* Lehrpersonen haben zum Teil aufgrund fehlenden Fachwissens Schwierigkeiten, den Unterschied zwischen einem Konflikt und Mobbing zu erkennen, oder sind sich der Elemente des wiederholten Angreifens des gleichen Opfers und des Machtungleichgewichts nicht bewusst (Baumann & Del Rio, 2005). Andere erkennen zwar durchaus, dass es sich um Mobbing handelt, ihnen fehlt allerdings das Wissen, was sie dagegen unternehmen können (Baumann & Del Rio, 2005; Bilz, Schubarth & Ulbricht, 2015; Bilz, Steger & Fischer, 2016).
- *Falsche Vorstellungen:* Einige Lehrpersonen interpretieren Mobbing als Spiel oder als unschuldiges Kinderverhalten (Mishna & Allagia, 2005; Mishna, Scarcello, Pepler & Wiener, 2005). Andere sind der Überzeugung, dass Mobbing zur kindlichen Entwicklung gehöre. Dies beeinflusst ihre Wahrnehmung und Deutung von Mobbingsituationen und sie zeigen eine geringere Bereitschaft zur Intervention (Hektner & Swenson, 2012; Kochenderfer-Ladd & Pelletier, 2008).

6.4.5 Mobbing wirksam begegnen

Mobbing gehört nicht zur Entwicklung von Kindern und Jugendlichen dazu. Es handelt sich um ein soziales Fehlverhalten, das negative Folgen für das Wohlbefinden von Betroffenen haben kann, weshalb der Schule eine zentrale Rolle bei der Prävention und Intervention von Mobbing zugeschrieben wird (Wachs & Schubarth, 2021).

Lehrpersonen können Mobbing wirksam begegnen, wenn sie genau hinschauen und Mobbing als Gruppenphänomen erkennen, bei dem jede Schülerin und jeder Schüler eine bestimmte Rolle einnimmt. Mobbing betrifft also nicht nur Täterinnen bzw. Täter und Opfer, sondern auch die Mitschülerinnen und Mitschüler, die das Mobbing mitkriegen, jedoch häufig nichts dagegen unternehmen oder es durch Zuschauen und Mithelfen noch verstärken (Salmivalli, 1999; 2010). Zuschauerinnen und Zuschauer wissen meist, dass Mobbing falsch ist und sie etwas dagegen unternehmen sollten. Sie greifen allerdings häufig nicht ein, um ihren sozialen Status in der Gruppe aufrecht zu erhalten oder weil sie haben Angst, selbst zum Mobbingopfer zu werden (Salmivalli, 2010).

Da bei Mobbing ein Ungleichgewicht der Kräfte vorliegt, ist es wichtig, dass die Betroffenen ernstgenommen und Vorfälle nicht bagatellisiert werden. Opfer haben kaum Möglichkeiten, sich zu wehren, und werden zum Schweigen gebracht. Die Kinder oder Jugendlichen können Mobbing nicht allein lösen (Alsaker, 2017). Es ist die Aufgabe von Lehrpersonen, Mobbing zu unterbinden. Da jedes Mitglied einer Gruppe bzw. Schulklasse einen Teil zur Entstehung und Aufrechterhaltung von Mobbing beiträgt, muss dieses in der Gruppe bzw. in der Klasse angegangen werden (Alsaker, 2004).

Eine *Mobbingintervention* sollte sorgfältig geplant werden. Gemobbte Kinder oder Jugendliche sind eher bereit, sich der Lehrperson anzuvertrauen, wenn sie wissen, dass die Lehrperson das Problem aktiv angeht, nicht aber, wenn bloß Täterinnen und Täter bestraft werden. Solche einseitig disziplinierenden Maßnahmen können sich ungünstig auf die Opfer auswirken, indem sich die Situation für das Opfer nur noch verschlimmert und es von den Mobbenden zum Schweigen gebracht wird (Baumann & Del Rio, 2005; Nicolaides, Toda & Smith, 2002).

Es können drei Phasen der Mobbingintervention unterschieden werden (Niproschke, Schubarth und Bilz, 2017; Wachs et al., 2016):

1. *Erstverhalten:* Es ist wichtig, dass Lehrpersonen bei Mobbing nicht wegschauen, sondern den Schülerinnen und Schülern früh und mit sparsamen Mitteln durch ein präsentes Auftreten klar machen, dass dieses Verhalten nicht toleriert wird.
2. *Hauptintervention:* Da Mobbing als Gruppenphänomen in der Schulklasse angegangen werden sollte, ist es für Lehrpersonen in einem ersten Schritt hilfreich, die Dynamik in der Schulklasse zu erkennen und in einem Soziogramm festzuhalten. Wer wird Opfer? Welches sind die Haupttäterinnen und -täter? Welche Schülerinnen und Schüler assistieren den Mobbenden, indem sie z. B. das Opfer festhalten? Wer bestärkt durch beipflichtende Rufe oder Gelächter die Täterinnen und Täter? Wer schaut zu? Wer tritt für das Opfer ein?
Lehrpersonen müssen das Schweigen brechen und die Probleme mit der ganzen Klasse offen ansprechen, ohne dabei einzelne Schülerinnen und Schüler zu beschuldigen. In einem nächsten Schritt kann mit der Klasse ein Verhaltensvertrag erarbeitet und mit allen Schülerinnen und Schülern an der Stärkung der sozialen Fähigkeiten sowie einer aktiven Haltung gegen Mobbing gearbeitet werden (Alsaker, 2017).
3. *Nachbereitung und Erfolgskontrolle:* Oft reicht eine einmalige Reaktion auf Mobbing nicht. Es ist deshalb wichtig, dass die Intervention kritisch überprüft wird und wenn nötig mit der Klasse die vereinbarten Regeln erneut besprochen werden.

Eine Übersicht und Einführung in verschiedene Anti-Mobbingprogramme, wie z. B. den *No Blame Approach,* findet sich im Buch »Mobbing an Schulen« von Wachs et al. (2016) – u. a. in Kapitel 3.3

»Welches Interventionsprogramm gegen Mobbing passt zu meiner Schule?«. Die vorgestellten Programme unterscheiden sich darin, ob sie eher »helfer- und peerorientiert« oder eher konfrontativ sind (Wachs et al., 2016). Gemeinsam ist fast allen Interventionsprogrammen der Schutz des Opfers; nur wenige beziehen allerdings die ganze Klasse oder Schule mit ein.

6.4.6 Mobbing vorbeugen

Zunehmend wird auch die *Prävention von Mobbing* als erweiterte Aufgabe von Schule anerkannt, ihr kommt eine Verantwortung für die Prävention von Gewalt und Mobbing sowie für die sozial-emotionale Entwicklung von Kindern und Jugendlichen zu (Wachs et al., 2016). Aufgrund von Metaanalysen und Überblicksarbeiten formulieren Wachs et al. (2016) Empfehlungen für die Mobbingprävention auf der Schul- wie auch der Klassenebene. Denn letztlich ist der Umgang mit Mobbing auch ein Schulentwicklungsthema, das nicht nur einzelne Lehrpersonen, sondern ganze Schulteams betrifft. Durch eine aktive Mobbingprävention können Schulen eine gesunde Entwicklung der Schülerinnen und Schüler gewährleisten. Empfohlen wird, dass ein Programm »eine institutionelle Perspektive einnehmen und zum Ziel haben [sollte], die Schulkultur positiv zu beeinflussen und eine Anti-Mobbing-Haltung in den Leitlinien der Schule zu verankern« (Wachs et al., 2016, S. 162).

> **Mobbing an Schulen. Erkennen, handeln, vorbeugen (Wachs, Hess, Scheithauer & Schubarth, 2016)**
> Dieses Buch gibt einen Überblick über das Thema Mobbing, was Mobbing ist, wie man bei Mobbing handeln und wie man ihm vorbeugen kann. Es beinhaltet zudem Exkurse zu Cybermobbing und zu Lehrpersonen als Opfer oder Täterinnen und Tätern von Mobbing sowie Unterrichtsmaterialien, Checklisten, Leitfäden, Handlungsempfehlungen für Eltern und Fragebögen zur Erfassung von Mobbing in der Schule.

> **Mutig gegen Mobbing in Kindergarten und Schule (Alsaker, 2017)**
> In diesem Buch wird ein wissenschaftlich fundiertes sowie praxiserprobtes Programm gegen Mobbing in Kindergärten und Schulen vorgestellt. Ziel des Buches ist, Fachpersonen wie Lehrpersonen, Psychologinnen und Psychologen, Sozialarbeiterinnen und Sozialarbeiter sowie Eltern Mut zu machen im Umgang mit Mobbing. Es bietet ein umfangreiches Instrumentarium, um präventiv zu arbeiten und bei Mobbing erfolgreich zu intervenieren.

6.5 Zusammenfassung

Die Schulklasse ist einerseits eine wichtige Bezugs- und Vergleichsgruppe, andererseits ein Beziehungsfeld. Da die Schulklasse eine formelle Gruppe ist, deren Zugehörigkeit die Schülerinnen und Schüler nicht frei wählen, impliziert dies, dass sie sich mit den Mitschülerinnen und Mitschülern arrangieren und mit ihnen auskommen müssen. In einigen Klassen bilden sich dennoch nach einiger Zeit eine Klassengemeinschaft, ein Wir-Gefühl und ein Zusammenhalt, während in anderen Klassen kaum Zusammenhalt vorhanden ist, sich Subgruppen bilden, die sich gegenseitig bekämpfen oder einzelne Schülerinnen und Schüler ausgeschlossen oder gemobbt werden.

Lehrpersonen können den Prozess der Gruppenbildung beeinflussen und ihre Klassen bei der Konstitution als Gruppen unterstützen. Sie können auch den Zusammenhalt und die Klassengemeinschaft stärken. Hierbei ist es hilfreich zu wissen, welche Struktur die eigene Klasse aufweist und welche Normen gelten. Normen regulieren die sozialen Interaktionen in der Gruppe und Regeln legen Rechte, Verpflichtungen und Aktivitäten von Gruppenmitgliedern fest. Gruppennormen haben einerseits einen Einfluss auf den Gruppenprozess, andererseits sind sie aber auch ein Ergebnis des Gruppenprozesses und der Gruppenstrukturen. Daher ist es wichtig, darauf zu achten, wer in der Klasse mit welchen Mitteln die Gruppe anführt, und dass sich von Beginn an positive soziale Normen in der Klasse etablieren.

Für Schülerinnen und Schüler sind die Gleichaltrigen und die Zugehörigkeit zur Klasse von großer Bedeutung. Gerade bei Mobbing liegt es in der Verantwortung von Lehrpersonen einzugreifen. Da es sich um eine spezielle Form aggressiven Verhaltens handelt und ein Ungleichgewicht der Kräfte vorliegt, können Schülerinnen und Schüler Mobbing nicht allein klären. Zielgruppe einer Intervention sind allerdings nicht nur Täterinnen bzw. Täter und Opfer, sondern die ganze Klasse. Jede Schülerin und jeder Schüler nimmt in Mobbingsituationen eine bestimmte Rolle als Opfer, Täterin oder Täter, Assistierende, Verstärkende oder Verteidigende ein. Deshalb müssen Mobbing als Gruppenphänomen angegangen und in der Mobbingintervention mit der ganzen Klasse gearbeitet sowie die Rollen der einzelnen Schülerinnen und Schüler verstanden werden.

Teil III

Beziehung zwischen Lehrpersonen und Eltern

7

Die Beziehung zu den Eltern gestalten

Der Eintritt in die Schule ist für Kinder und Eltern ein großes Ereignis und von besonderer Bedeutung. Auf das einzelne Kind wie auch die Eltern kommen neue Aufgaben zu (Fölling-Albers & Heinzel, 2007). Die Schule als sekundäre Sozialisationsinstanz folgt später in der Biografie, verläuft aber dann parallel zur Familie.

Familien und die Zusammenarbeit zwischen Schule und Elternhaus sind für die Entwicklung und den Bildungserfolg von Kindern und Jugendlichen wichtig und sie können sowohl einen positiven als auch einen negativen Einfluss haben (Sacher, 2018; Sacher et al., 2019).

Obwohl Elternarbeit nichts Neues ist, wird das Potenzial der Kooperation zwischen Elternhaus und Schule noch zu wenig genutzt (Sacher, Berger & Guerrini, 2019). »Elternarbeit wird häufig mit mäßigem Engagement betreiben und eher einseitig auf die Anteilnahme der Eltern am Geschehen in der Schule ausgerichtet« (Sacher et al., 2019, S. 13). Gründe hierfür sind Zeitmangel und Belastungen sowohl von Eltern und auch Lehrpersonen. Lehrpersonen erleben die Zusammenarbeit mit den Eltern teilweise als schwierig und belastend. Auch Eltern berichten über Lehrpersonen, mit denen eine Zusammenarbeit kaum möglich sei. Sacher und Kolleginnen und Kollegen (2019) verweisen darauf, dass die Diskussion über »schwierige« Eltern oder Lehrpersonen nicht weiterführt. »Kommunikation und Kooperation zwischen Eltern und Lehrkräften kann nur gelingen, wenn auch die Situation verstanden und berücksichtigt wird, in welcher die Akteure sich befinden« (Sacher et al., 2019, S. 10).

In diesem Kapitel stehen die Beziehung und die Kooperation zwischen Schule und Elternhaus im Fokus. Im ersten Teil widmen wir uns der Familie und der Vielfalt an Lebens- und Familienformen. Danach folgt die Entwicklung der Erziehungs- und Bildungspartnerschaft zwischen Lehrperson und Eltern und im dritten Teil geht es um den Dialog mit den Eltern.

7.1 Die Vielfalt der Familien

Die Familie als primäre Sozialisationsinstanz und die Schule als sekundäre Sozialisationsinstanz sind für Kinder und Jugendliche und ihre Entwicklung von besonderer Bedeutung (Ecarius et al., 2011; Fend, 2006). Es handelt sich dabei um zwei verschiedene Institutionen mit unterschiedlichen Aufgaben und Erwartungen. Beiden kommt allerdings die Verpflichtung zur Erziehung zu (Fölling-Albers & Heinzel, 2007). Ihre gemeinsame Aufgabe ist die Bildung der Persönlichkeit des Kindes (Saalfrank, 2012). Sie verfolgen allerdings auch unterschiedliche Intentionen. »Diese anderen Intentionen ergeben sich durch den ihr eigenen Erziehungs- und Bildungsauftrag, hier gelten spezifischere Regeln und Vorgaben sowie andere Interaktionsmuster, mit denen die Kinder in den gesellschaftlichen Kontext eingeführt werden« (Saalfrank, 2012, S. 132f.). Schule sollte einen Beitrag leisten, dass sich die Kinder und Jugendlichen vom Elternhaus emanzipieren (Saalfrank, 2012).

Für Lehrpersonen ist es zentral, die »(familiale, herkunfts- und milieuspezifische) Realität [zu] kennen, in der das Kind aufgewachsen ist und während seiner Schulzeit lebt«, damit sie den Unterricht den Lebenswelten der Kinder und Jugendlichen entsprechend gestalten können (Lanfranchi, 2013, S. 234).

7.1.1 Vielfalt an Lebens- und Familienformen

Historisch hat sich die Familie stark verändert. Während bis in die 1960er Jahre die Ehe und die traditionelle Familie für eine große Mehrheit der Bevölkerung selbstverständlich war, gibt es heute viele verschiedene Lebens- und Familienformen (Azun, 2017; Ecarius, Köbel & Wahl, 2011).

Lange Zeit wurde die Kern- oder Elementarfamilie als »homogene Institution« bestehend aus der Triade Vater, Mutter und Kind verstanden (Fuhs, 2007, S. 24). Diese enge Definition von Familie wird in der heutigen Zeit zunehmend kritisiert, da sie empirisch nicht mit den tatsächlichen Lebensformen von immer mehr Menschen übereinstimmt. *Die* Familie als solches gibt es nicht, sondern vielmehr eine Vielfalt an Lebens- und Familienformen. Diese Vielfalt ist historisch nicht neu, sondern vielmehr deren große Verbreitung (Seiffge-Krenke & Schneider, 2012). Neben der »klassischen Familie«, bestehend aus Ehepaar und seinen biologischen Kindern, die gemeinsam in einem Haushalt wohnen, haben in den letzten Jahrzehnten viele weitere Lebensformen an Bedeutung gewonnen, so zum Beispiel ledige Eltern, gleichgeschlechtliche Lebensgemeinschaften, alleinerziehende Väter und Mütter oder Patchworkfamilien (Ecarius, Köbel & Wahl, 2011; Seiffge-Krenke & Schneider, 2012).

Obwohl die Vielfalt an Lebens- und Familienformen groß ist, lässt sich definieren, was die Familie im Kern ausmacht und welche Aufgabe sie hat. Es handelt sich um eine Lebensform, zu der mindestens eine Erziehungsberechtige bzw. ein Erziehungsberechtigter und ein Kind gehören und die sich im Inneren durch eine dauerhafte persönliche Verbundenheit und Solidarität auszeichnet (Peuckert, 2007). Da Familien einen Teil ihres Lebens gemeinschaftlich verbringen, entstehen Bindungen, welche wiederum einen Einfluss auf die Familienmitglieder und ihre Beziehungen untereinander haben (Schneewind, 2010). Die Aufgabe der Familie ist die Sozialisation und Erziehung von Kindern. Die Kinder erhalten in der Familie als primäre Sozialisationsinstanz zentrale Impulse, um in die Gesellschaft hineinzuwachsen (Saalfrank, 2012). Erziehung kann einerseits normativ als »Ermöglichungsbedingung für die Entfaltung von Subjektivität und Entwicklung von Mündigkeit und Selbständigkeit« definiert werden (Ecarius et al., 2011, S. 9f.). Andererseits ist Erziehung aus einer deskriptiven Perspektive die »gesellschaftliche Reaktion auf die Erkenntnis, dass Menschen heranwachsen und sich entwickeln. Pädagogische Aktivitäten werden in diesem Sinn als Bemühungen gesehen, individuelle Entwicklung und Reifung zu beeinflussen oder sogar zu steuern« (Ecarius et al., 2011, S. 9f.).

7.1.2 Familien aus unterschiedlichen Herkunftskulturen und Bevölkerungsschichten

Nicht nur die Vielfalt an Lebens- und Familienformen hat zugenommen, sondern die Familien stammen auch aus unterschiedlichen Bevölkerungsschichten und Kulturen, haben unterschiedliche Vorstellungen von Bildung und Erziehung und daher auch andere Bildungsziele, was zum Erleben von Fremdheit, Nichtverstehen oder zu Missverständnissen führen kann (Azun, 2017; Gartmeier, 2018; Lanfranchi, 2013; Sacher et al., 2019).

Da die Vielfalt der Kinder und Jugendlichen hinsichtlich Erstsprachen oder soziokulturellem Hintergrund in westeuropäischen

Ländern und somit auch an öffentlichen Schulen groß ist, stellt sich nach Lanfranchi (2013) die Frage, welche Voraussetzungen Lehrpersonen brauchen, um auch mit Familien aus verschiedenen kulturellen, sozialen oder sprachlichen Milieus in eine entwicklungs- und lernförderliche Interaktion treten zu können. Wie können interkulturelle Kompetenzen in der Aus- und Weiterbildung von Lehrpersonen gefördert werden? Dazu schlägt Lanfranchi (2013) Standards für interkulturelle Kompetenzen in pädagogischen Praxisfeldern vor, wobei ein Curriculumbereich die Elternkooperation umfasst. Konkret geht es hier u. a. um die Kompetenz, mit Eltern verschiedener Herkunft zusammenzuarbeiten, und um folgende Fragen (Lanfranchi, 2013, S. 255):

1. Wie lerne ich, mit den Eltern von Schülerinnen und Schülern aus verschiedenen gesellschaftlichen Gruppierungen (Schicht, Religion, Herkunft) zu kommunizieren und zusammenzuarbeiten?
2. Wie kann ich Brücken zur Verbindung von Familie und Schule fallbezogen entwickeln und umsetzen (z. B. Lehrperson-Eltern-Konferenzen, Einzelgespräche mit Eltern etc.)?
3. Wie erreiche ich die Kooperation möglichst aller Eltern bei schulischen Fragen bzw. bei der Unterstützung ihrer Kinder und Jugendlichen (lernanregende Freizeit, Umgang mit Medien, Arbeit mit Übersetzerinnen und Übersetzern etc.)?

Zenk und Gündoğdu (2011) verweisen darauf, dass die Ausgangssituation für die Kooperation mit Eltern aus anderen Herkunftskulturen eine etwas andere sein kann, da diese durch spezifische Bedingungen geprägt ist. Damit die Kooperation gelingt, sollten sich Lehrpersonen mit den Eltern über diese Bedingungen auseinandersetzen. So zum Beispiel über das Bildungssystem oder die Rolle und Kooperation von Schule und Eltern. Zudem sollten auch bisherige Diskriminierungserfahrungen und fehlende Sprachkenntnisse berücksichtigt werden, welche zu einer Distanzhaltung der Eltern führen bzw. die Kommunikation einschränken können.

Da Eltern für die Kinder und Jugendlichen, ihre Entwicklung und ihren Bildungserfolg wichtig sind, sollten die Familien in ihrer Vielfalt respektiert und wertgeschätzt sowie als Potenzial gesehen werden. »Die Identitäten des Kindes zu stärken, heißt immer auch seine soziale Bezugsgruppe – für kleine Kinder ist es zunächst die Familie – anzuerkennen und sie zu respektieren« (Azun, 2017, S. 229). So erfahren die Schülerinnen und Schüler, dass sie selbst und ihre Familien in der Schule geschätzt werden und willkommen sind.

Durch die Vielfalt der Familien ist die Zusammenarbeit zwischen Schule und Eltern anspruchsvoller, aber auch unentbehrlicher geworden (Sacher et al., 2019). Eltern sind keine einheitliche Gruppe; die Vielfalt der Familien erfordert eine Differenzierung der Zusammenarbeit (Gartmeier, 2018; Sacher, 2013a), um »alle Eltern zu erreichen und auf ihre spezifischen Lebenssituationen eingehen zu können, in denen oft der Schlüssel zu Missverständnissen und Problemen in der Zusammenarbeit zwischen Schule und Elternhaus liegt« (Sacher et al., 2019, S. 140f.).

Reflexion: Was denke ich über …? Wie reagiere ich auf …?
Für Lehrpersonen ist es wichtig, ihre eigenen Wert- und Normvorstellungen, Stereotype oder gar Vorurteile kritisch zu hinterfragen, da diese das eigene Verhalten und damit auch die Interaktionen mit Schülerinnen und Schülern sowie Eltern beeinflussen (Azun, 2017; Lanfranchi, 2013).

- Was denke ich über die Vielfalt der Familien- und Lebensformen und was verbinde ich damit?
- Welche stereotypen Vorstellungen habe ich z. B. über Mädchen und Jungen, alleinerziehende Eltern, Familien aus anderen Herkunftskulturen?
- Welche (negativen) Einstellungen und Haltungen habe ich gegenüber anderen Lebens- und Familienformen oder anderen Kulturen?

- Wie reagiere ich auf Verhaltensweisen, die mir nicht vertraut sind? Wie begegne ich Menschen aus anderen Kulturen? Etc.

Zusätzlich kann es für den Perspektivenwechsel hilfreich sein, in Elterngesprächen die unterschiedlichen Vorstellungen der Eltern über Schule, Bildung, Lernen oder Erziehung in Erfahrung zu bringen (Azun, 2017).

7.2 Erziehungs- und Bildungspartnerschaft

Elternarbeit gibt es schon sehr lange, es geht dabei um die Kommunikation und Kooperation der Schule mit den Eltern (Stange, 2013). Die Vorstellung von Elternarbeit hat sich allerdings gewandelt. Eine Elternarbeit, bei der die Initiative hauptsächlich bei den Lehrpersonen liegt und den Eltern eine passiv-einwilligende Rolle zuweist, ist nicht mehr zeitgemäß (Sacher et al., 2019). Vielmehr steht heute der Aufbau einer partnerschaftlichen und vertrauensvollen Beziehung im Zentrum und dementsprechend wird von einer Erziehungs- und Bildungspartnerschaft und nicht mehr von Elternarbeit gesprochen (Sacher et al., 2019). Das Ziel einer solchen Erziehungs- und Bildungspartnerschaft liegt in der optimalen Förderung der Entwicklung und der Persönlichkeit der Kinder und Jugendlichen. Sie sollen in ihren Bildungsprozessen und ihrem positiven Selbstbild unterstützt werden. Dieses gemeinsame Ziel zum Wohl jedes Kindes und Jugendlichen sollte im Zentrum der Zusammenarbeit zwischen Schule und Eltern stehen. Beide Parteien können unterschiedliches Wissen über das Kind oder den Jugendlichen, seine Erfahrungen und Bedürfnisse in den Austausch einbringen (Azun, 2017; Sacher et al., 2019).

Sacher et al. (2019) entwickelten ein Modell der Erziehungs- und Bildungspartnerschaft, welches die Entwicklung einer solchen

Partnerschaft nachzeichnet. Als Erstes, das ist die Grundvoraussetzung, geht es um den Aufbau einer Willkommens- und Gemeinschaftskultur. Danach folgen die Organisation eines regelmäßigen und intensiven Informationsaustauschs und der Auf- und Ausbau der Kooperation.

Willkommens- und Gemeinschaftskultur

Eltern und Schülerinnen und Schüler sollen sich in der Schule willkommen fühlen und an der Schulgemeinschaft teilhaben können. Unabhängig von der sozialen Schicht, Herkunft, Kultur oder Religion sollen alle dazugehören und sich als Teil einer Gemeinschaft fühlen – einer schulischen Gemeinschaft, die sich durch wechselseitigen Respekt auszeichnet und in der transparent und offen kommuniziert wird (Azun, 2017; Sacher et al., 2019). Dazu braucht es einerseits eine tolerante und unvoreingenommene Haltung und andererseits Begegnungen, welche die Gemeinschaft fördern und es den Eltern ermöglichen, sich auch gegenseitig kennenzulernen (z. B. Klassenelternversammlungen, Elternabende, Elternstammtische). Verantwortlich hierfür sind sowohl die Lehrpersonen, das gesamte Kollegium und die Schulleitung als auch die Eltern und Elternvertretungen (Sacher et al., 2019).

Informationsaustausch

Für die Erziehungs- und Bildungspartnerschaft ist die »*regelmäßige, intensive und offene Kommunikation* über die Entwicklung der Kinder und Jugendlichen und ihre schulische und häusliche Situation« grundlegend (Sacher et al., 2019, S. 22). Das können sowohl informelle als auch formelle Gespräche und Kontakte sein. Wichtig ist, dass nicht nur bei Problemen miteinander kommuniziert wird, da der Austausch sonst v. a. mit negativen Erfahrungen in Verbindung gebracht wird und es unter diesen Bedingungen schwierig ist, ein Vertrauensverhältnis aufzubauen und Probleme zu lösen. Deshalb sollten möglichst auch regelmäßig Gespräche über Erfreuliches oder Gespräche ohne speziellen Anlass, bei denen z.B. die Entwicklung des Kindes im Fokus steht, stattfinden (Sacher et al., 2019). Mit solchen Besprechungen kann eine Vertrauensbasis geschaffen werden und der Kontakt ist mit positiven Erfahrungen verbunden.

Kooperation

Die Erziehungs- und Bildungskooperation kann in der Schule als auch in den Familien erfolgen. Zur Kooperation in der Schule gehören beispielsweise die Mitarbeit in Projekten oder die Begleitung bei Ausflügen (Sacher, et al., 2019; Textor, 2006). Damit ist nicht gemeint, dass alle Eltern oder ein Großteil der Eltern sich an schulischen Aktivitäten beteiligen, das ist fast nicht möglich und auch nicht nötig, aber zumindest ein Teil der Eltern oder Erziehungsberechtigten sollte mitarbeiten.

Besonders wichtig ist die heimbasierte Kooperation, bei der es darum geht, dass Eltern mit ihren Kindern kommunizieren und gemeinsam lesen und hohe, jedoch realistische Leistungserwartungen haben und einen autoritativ-partizipativen Erziehungsstil pflegen, indem sie die Kinder ermutigen und in ihrer Selbstständigkeit fördern, eine liebevolle Umgebung für die Kinder gestalten und auch Regeln haben (Sacher et al., 2019). Eine solche Form heimbasierter Kooperation ist unabhängig von der Ausbildung bzw. dem Schulabschluss der Eltern.

Nicht zuletzt sollten auch die Schülerinnen und Schüler in die Partnerschaft zwischen Schule und Elternhaus einbezogen werden, da sie einerseits eine wichtige Rolle darin spielen und es andererseits zu Gegenreaktionen von den Schülerinnen und Schülern kommen kann (Sacher, 2013b).

Mitsprache und Mitbestimmung

Ein wesentlicher Bestandteil einer Partnerschaft ist die gemeinsame Verantwortung und das gemeinsame Fällen von Entscheidungen. Allerdings haben Eltern oder Elternvertretungen zum Teil wenig Rechte und können kaum mitentscheiden oder sogar entscheiden. Dies führt dazu, dass sich Elternvertretungen häufig eher als »Unterstützer der Schule« und weniger als »Interessensvertreter der Eltern« sehen (Sacher et al., 2019, S. 27).

In einer Erziehungs- und Bildungspartnerschaft kommt den Eltern allerdings eine Mitverantwortung zu. Indem sich die Elternvertretungen um die Anliegen der Eltern kümmern und sich dafür einsetzen, Eltern informieren und die Kommunikation untereinander fördern, leisten sie einen wesentlichen Beitrag zur Entwicklung einer schulischen Gemeinschaft und dazu, dass sich Eltern nicht mehr als Einzelkämpfer fühlen (Sacher et al., 2019).

> **Schule und Eltern – eine schwierige Partnerschaft. Wie Zusammenarbeit gelingt (Sacher, Berger & Guerrini, 2019)**
> Dieser Band aus der Reihe »Brennpunkt Schule« befasst sich mit der Zusammenarbeit zwischen Lehrpersonen und Eltern und setzt die partnerschaftliche Beziehung ins Zentrum. Lehrpersonen und Schulleitungen erhalten einen Einblick, was die Erziehungs- und Bildungspartnerschaft auszeichnet und wie sich diese entwickelt, wie Schwierigkeiten vorgebeugt und mit ihnen umgegangen werden kann und unter welchen Bedingungen die Zusammenarbeit potenziell schwierig ist.

7.3 Dialog mit den Eltern

Sowohl Eltern als auch Lehrpersonen tragen Verantwortung für die Entwicklung des Kindes. Da sich diese Verantwortlichkeit allerdings unterscheidet, haben die Akteurinnen und Akteure beider Seiten in Gesprächen häufig auch unterschiedliche Erwartungen.

Wenn diese Erwartungen nicht kommuniziert werden, kann es zu Enttäuschungen kommen (Gartmeier, 2018).

»Gleichzeitig sind sie [Eltern und Lehrpersonen] häufig nur unzureichend über gegenseitige Handlungsmöglichkeiten und Rahmenbedingungen informiert und unterscheiden sich zudem in ihren Ressourcen, Einflussmöglichkeiten sowie in der Art und dem Ausmaß ihrer emotionalen Involviertheit im Gespräch.« (Gartmeier, 2018, S. 17)

Aufgrund von Asymmetrien in der Beziehung zwischen Eltern und Lehrpersonen, unterschiedlichen Verantwortlichkeiten und Erwartungen überrascht es nicht, dass gerade Elterngespräche auch ein großes Konfliktpotenzial innehaben (Gartmeier, 2018).

Obwohl es in der Erziehungs- und Bildungspartnerschaft um einen Austausch auf Augenhöhe geht, liegt es in der Verantwortung von Lehrpersonen, den ersten Schritt zu machen, und es ist ihre Aufgabe, den Austausch mit den Eltern zu gestalten. Die Initiative für den Austausch und die Gespräche kommt also von den Lehrpersonen. Sie sind zentrale Akteurinnen und Akteure, wenn es um die Gestaltung von Elterngesprächen geht (Azun, 2017; Gartmeier, 2018).

7.3.1 Asymmetrie und unterschiedliche Perspektiven

In Elterngesprächen findet sich eine Asymmetrie oder eine hierarchische Konstellation, wobei Lehrpersonen im Vergleich zu den Eltern in einer stärkeren Position sind. Die Eltern sind häufig diejenigen, die in Elterngesprächen Informationen suchen oder eine Bitte stellen (Gartmeier, 2018). Wie können Lehrpersonen diesen Unterschieden und dieser Asymmetrie begegnen oder sie gar als Ressource nutzen?

Wichtig ist, dass Lehrpersonen sich der Asymmetrie und Unterschiedlichkeit der Akteurinnen und Akteure im Elterngespräch bewusst sind. Denn obwohl für beide Seiten das Wohlergehen des Kindes oder der bzw. des Jugendlichen und seine bzw. ihre Entwicklung im Zentrum stehen, fallen zum Teil die Erwartungen, Vorstellungen und Absichten in Elterngesprächen unterschiedlich aus (Sacher, 2014). Daher ist es wichtig, sich über die Erwartungen und Absichten der Gesprächspartnerinnen und -partner Klarheit zu verschaffen und sich darüber auszutauschen. Transparenz und Einvernahme hinsichtlich der Erwartungen und Zielsetzungen eines Gesprächs sind wichtig, damit dieses effektiv und zielführend bzw. für die Beteiligten zufriedenstellend ist. Unterschiedliche Sichtweisen von Eltern und Lehrpersonen können auch genutzt werden, um ein ganzheitlicheres Bild des Kindes oder des bzw. der Jugendlichen und seiner bzw. ihrer Entwicklung zu erhalten (Gartmeier, 2018).

Da in Elterngesprächen die Konstellation eine hierarchische ist, sollten Lehrperson versuchen, diese Asymmetrie der Lehrperson-Eltern-Beziehung zu überwinden und sich darum bemühen, eine symmetrische Beziehung aufzubauen. Damit der Aufbau einer vertrauensvollen Beziehung gelingt, ist es zentral, die Situationen und Sichtweisen der Eltern auch anzuerkennen und zu berücksichtigen. Es braucht also einen Perspektivenwechsel und von beiden Seiten die Bereitschaft, sich auf das Gegenüber einzulassen.

Hilfreich für eine Begegnung auf Augenhöhe kann sein, die Eltern als »Expertinnen und Experten« hinsichtlich des Kindes zu verstehen (Dusolt, 2018, 9f.): So sind sie zum Beispiel Expertinnen und Experten für den soziokulturellen Hintergrund der Familie, die Biografie des Kindes, die Rolle des Kindes im familiären System oder die aktuellen familiären Lebensbedingungen, während die Lehrpersonen Expertinnen und Experten für didaktisches und pädagogisches Fachwissen, das Lernen, das Kind oder den oder die Jugendliche als Mitglieder der Schulklasse oder Gruppenprozesse sind. »Dialog und Austausch zwischen den Experten bildet somit eine Brücke zwischen den beiden Systemen ›Familie‹ und Kindertagesstätte [bzw. Schule]. Sie dient dem Austausch von Informationen« (Dusolt, 2018, S. 12).

7.3.2 Elterngespräche gestalten

Für eine konstruktive Gestaltung und den effektiven Verlauf von Elterngesprächen sind gemäß des *Münchner Modells der Gesprächsführung (MMG)* folgende Punkte entscheidend (Gartmeier, 2018):

- die Gestaltung der Beziehung
- die kooperative Lösung von Problemen
- die Strukturierung des Gesprächs

Die Grundlage einer kompetenten Gesprächsführung bildet demnach eine positive Beziehung zwischen der Lehrperson und den Eltern, die sich durch Wertschätzung auszeichnet und die eine Begegnung auf Augenhöhe ermöglicht. Dabei arbeiten die Lehrperson und die Eltern zusammen und lösen Probleme gemeinsam und konstruktiv. Lehrpersonen geben dabei nicht einseitig eine Lösung vor, sondern es wird gemeinsam nach Lösungen gesucht.

Der Kommunikationskompetenz von Lehrpersonen kommt eine zentrale Rolle zu, allerdings sind Lehrpersonen wie auch Eltern häufig im Bereich der Kommunikation zu wenig ausgebildet (Ostermann, 2016). Für eine kompetente Gesprächsführung ist die Fähigkeit wichtig, Gespräche aktiv, situationsangepasst und transparent zu gestalten und zu strukturieren (Gartmeier, 2018). Ein weiterer Schlüsselfaktor für die konstruktive Zusammenarbeit stellt das aktive Zuhören dar (Aich, Kuboth, Sauer & Gartmeier, 2017).

Das Ziel kompetenter Gesprächsführung sollte es sein, die Eltern zur Kooperation zu bewegen. »Kooperation bedeutet, dass Eltern im Rahmen der Zusammenarbeit mit dem Lehrer/der Lehrerin Schritte unternehmen, die zur Lösung bzw. Verminderung (Deeskalation) der Schulprobleme ihres Kindes beitragen« (Hennig & Ehinger, 2014, S. 27). Dabei gilt es auch, die Eigenverantwortung der Eltern zu Berücksichtigung und zu stärken. »Bereitschaft zur Kooperation und zur Veränderung können die Eltern nur dann entwickeln, wenn sie ihre Situation als von ihnen selbst kontrollierbar und veränderbar erleben. Eine Entmündigung führt nur zur

Passivität, Hilflosigkeit, Verweigerung oder Widerstand« (Hennig & Ehinger, 2014, S. 30). Zudem sollten die Stärken bzw. Ressourcen des Kindes oder des bzw. der Jugendlichen und auch der Eltern in den Blick genommen, diese betont und auf ihnen aufgebaut werden. Denn die Stärken- und Ressourcenorientierung fördert die Kooperation und erleichtert oder ermöglicht das Gespräch über Schwächen (Ahl, 2019; Hennig & Ehinger, 2014). Zuletzt sollte weniger das Problem als vielmehr die Suche nach einer Lösung fokussiert werden. Meist wird zu lange über das Problem gesprochen, ohne überhaupt nach Lösungen zu suchen. Deshalb sollte in einem Gespräch die Lösungsfokussierung nicht vergessen gehen (Ahl, 2019; Hennig & Ehinger, 2014).

7.3.3 Herausfordernde Gespräche und Probleme

Zum Teil werden Elterngespräche von den Eltern und/oder den Lehrpersonen als unbefriedigend oder anstrengend erlebt. Hindernisse können einerseits das durch das Schulsystem vorgegebene Hierarchiegefälle zwischen Lehrpersonen und Eltern sein, die fehlenden zeitlichen Ressourcen oder wenn weniger gut verlaufende Gespräche zu Kränkungen oder Verletzungen führen (Sauer, 2017). Probleme treten zum Beispiel auch eher dann auf, wenn es um den Schuleintritt oder Übertritt geht, neue Unterrichtsmethoden oder -medien eingeführt werden oder Kinder und Jugendliche mit besonderem Förderbedarf in der Klasse sind (Sacher et al., 2019). Viele dieser Probleme hängen mit Ängsten der Eltern zusammen, ihr Kind könne in der Schule nicht mithalten oder das Lernen und der Lernerfolg würden beispielsweise durch neue Unterrichtsmethoden beeinträchtigt oder dass die Lehrperson Schülerinnen und Schülern mit besonderem Förderbedarf in der Klasse zu viel Aufmerksamkeit widmen muss (Sacher et al., 2019). Auch schwierige Lebenslagen von Familien, unterschiedliche Erziehungsauffassungen oder Meinungsverschiedenheiten können dazu führen, dass Elterngespräche nicht harmonisch und zufriedenstellend verlaufen, so zum Beispiel bei schlechten Nachrichten, Leistungsproblemen und Verhaltensschwierigkeiten oder auch bei Unzufriedenheit der Eltern in Bezug auf Leistungsbeurteilungen und Strafen (Sacher et al., 2019).

Entscheidend bei problematischen oder Konfliktgesprächen ist, dass Lehrpersonen das Gespräch nicht eskalieren lassen und sachlich bleiben. Hilfreich ist, sich in die Perspektive der Eltern hineinzuversetzen und zu versuchen, ihre Situationen zu verstehen. Wenn Lehrpersonen und Eltern das Kind anders wahrnehmen und einschätzen (z. B. im Sozialverhalten), sollten sie versuchen herauszufinden, woran das liegt. Möglicherweise verhält sich das Kind im familiären Setting ganz anders als in der Gleichaltrigengruppe bzw. der Schulkasse oder es liegen unterschiedliche Maßstäbe hinsichtlich der Angemessenheit von Verhalten vor.

Damit in Gesprächen nicht nur die Probleme im Fokus stehen, sollten bewusst auch Stärken und Ressourcen angesprochen und gemeinsam im Gespräch nach Lösungen gesucht werden. Neben der Ressourcenorientierung und der Lösungsfokussierung sollten sich Lehrpersonen immer auch vergegenwärtigen, dass Eltern mit guten Absichten handeln. »Als Pädagoge [oder Pädagogin] sollte man sich [...] unbedingt vor Augen halten, dass die Eltern es so gut machen, wie sie können, und dass das, was sie in Bezug auf ihre Kinder tun, hauptsächlich liebevoll und fürsorglich gemeint ist« (Jensen & Jensen, 2016, S. 146). Auch wenn die Kooperation manchmal schwierig ist, wollen Eltern und Lehrpersonen nur das Beste für das Kind. Dies gilt es sich immer wieder bewusst zu machen und den Eltern auch aufzeigen, dass man das gleiche Ziel hat, nämlich das Wohl und die positive Entwicklung des Kindes oder des bzw. der Jugendlichen.

7.4 Zusammenfassung

Eine wertschätzende und respektvolle Beziehung zwischen Schule und Familie bildet die Grundlage für die Zusammenarbeit bzw. die Kooperation. Hierbei sollte berücksichtigt werden, dass es sich um ein asymmetrisches Verhältnis handelt und es Aufgabe von Lehrpersonen ist, die Kooperation zu den Eltern zu initiieren und zu gestalten. Ziel sollte es sein, die Eltern zur Kooperation zu bewegen und eine wertschätzende, vertrauensvolle Beziehung aufzubauen. Auf der Grundlage einer positiven Beziehung und von Vertrauen lassen sich schwierige Situationen vermeiden oder abschwächen.

Auch wenn einmal die Meinungen in Elterngesprächen auseinandergehen oder ein Gespräch weniger harmonisch verläuft, sollte nicht vergessen gehen, dass im Zentrum der Erziehungs- und Bildungspartnerschaft das Wohl und die Entwicklung der Kinder und Jugendlichen stehen. Da Eltern und Lehrpersonen allerdings unterschiedliche Verantwortlichkeiten und Erwartungen haben, kann es auch zu Konflikten kommen. Der Dialog und der Austausch von Informationen mit den Eltern sind daher besonders wichtig, und zwar nicht nur, wenn Probleme auftreten, sondern auch, um Erfreuliches zu berichten. Kooperation und eine Beziehung auf Augenhöhe bedeuten, dass gemeinsam nach Lösungen gesucht wird.

8

Beziehungen zwischen Lehrperson, Schülerinnen und Schülern sowie Eltern gestalten

Anerkennende Beziehungen zeichnen sich durch gegenseitige emotionale Wärme, Respekt und Wertschätzung aus und haben einen reziproken, d. h. wechselseitigen Charakter. Zentral ist, dass Lehrpersonen sowohl den Schülerinnen und Schülern als auch den Eltern authentisch und in sozialer Hinsicht auf Augenhöhe begegnen, damit sie sich als Menschen ernstgenommen und wertgeschätzt fühlen. Auch das gegenseitige Vertrauen ist eine wichtige Grundlage für gelingende soziale Beziehungen und ein lernförderliches Klima. Erst wenn sich Lehrpersonen und Schülerinnen und Schüler vertrauen, kann ein Gemeinschaftsgefühl in der Klasse entstehen.

Erst wenn Eltern und Lehrpersonen sich gegenseitig vertrauen, kann eine partnerschaftliches Verhältnis entstehen, in dem beide Seiten zum Wohl der Kinder und Jugendlichen zusammenarbeiten.

Vertrauen wird einem nicht einfach so geschenkt, sondern entsteht durch Begegnungen und soziale Interaktionen und indem Erwartungen erfüllt werden. Lehrpersonen sollten jeweils den ersten Schritt machen, ihre Gegenüber kennenlernen und sowohl den Schülerinnen und Schülern als auch den Eltern einen Vertrauensvorschuss entgegenbringen. Indem eine Lehrperson die Schülerinnen und Schüler und ihre Eltern ernstnimmt, sich ihnen gegenüber freundlich verhält, ihnen das Gefühl gibt, auf sie ist Verlass und dass sie ihre Versprechen einhält, entsteht Vertrauen.

Positive Beziehungen sind die Grundlage erfolgreicher Unterrichts- und Erziehungsprozesse. Sie bilden das Fundament, auf der erfolgreiche Lern- und Entwicklungsprozesse aufbauen können. Gute pädagogische Beziehungen wirken sich positiv sowohl auf die Gesundheit von Lehrpersonen und die Unterrichtsqualität als auch die Gesundheit von Schülerinnen und Schüler und ihr Engagement aus. Qualitativ gute Beziehungen führen bei Lehrpersonen zu einer höheren Berufszufriedenheit, positiveren Emotionen und wirken vitaler Erschöpfung und Burnout entgegen. Pädagogische Beziehungen, die sich durch emotionale Wärme, Sicherheit, Verständnis, Vertrauen und Unterstützung auszeichnen, wirken sich nicht nur positiv auf die Lernmotivation, das Engagement und die Leistungen der Schülerinnen und Schüler aus, sondern auch auf deren soziale und kognitive Entwicklung, ihr Wohlbefinden und ihre psychische Gesundheit. Dagegen belasten misslingende soziale Beziehungen Lehrpersonen und Schülerinnen und Schüler schwer. Sie torpedieren Lehr-Lernprozesse und münden für beide Seiten in psychosomatischen Beschwerden.

Weshalb spielen soziale Beziehung eine derart zentrale Rolle für gelingende Unterrichts- und Erziehungsprozesse? Die absolut bedeutende Rolle von Beziehungen ist eng verknüpft mit der Tatsache, dass der Mensch aus evolutionärer Sicht ein genuin soziales Wesen ist. Erst durch Beziehungen zu anderen, erst durch die

Spiegelung des Ichs am Du, werden wir zu Menschen. Nur wenn das Kind von seinen Eltern und den Lehrpersonen in seiner Individualität, in seinen Fähigkeiten und Leistungen wahrgenommen und anerkannt wird, gelingt es ihm, eine gute Beziehung zu sich selbst aufzubauen. In Beziehungen handeln wir zudem soziale Identität aus und fühlen uns geborgen. In Beziehungen suchen wir allerdings auch unsere Position innerhalb unterschiedlichster Beziehungsgeflechte.

Aus evolutionärer Sicht finden sich zwei widerstreitende Grundbedürfnisse: Einerseits das Bedürfnis, *dazuzugehören* (*Belonging*), und andererseits das Bedürfnis, *Status zu erwerben und Macht auszuüben* (*Status und Power*). Zum einen möchten also Kinder und Jugendliche dazugehören, in eine Gruppe integriert bzw. sozial eingebunden und beliebt sein. Zum anderen möchten sie in einer Gruppe auch den Ton angeben, einen hohen sozialen Status erwerben, ihre Ziele durchsetzen und bestimmen. Soziale Beziehungen haben immer zwei Seiten. Das Bedürfnis nach Zugehörigkeit, wenn Schülerinnen und Schüler sich befreunden, miteinander kooperieren oder sich helfen, bereitet Lehrpersonen meist keine Schwierigkeiten. Der Umgang mit Status und Machtmotiven hingegen, wenn Schülerinnen und Schüler andere kontrollieren, ausschließen, beschimpfen, schlagen oder erniedrigen, fordern Lehrpersonen heraus. Hier stehen sie in der Verantwortung, soziale Ausgrenzung unter Schülerinnen und Schülern zu erkennen und vorzubeugen. Gerade schüchterne und sozial ängstliche Schülerinnen und Schüler oder solche mit sozialen Verhaltensproblemen haben ein erhöhtes Risiko, von anderen ausgegrenzt zu werden. Hier ist es die Aufgabe der Lehrperson, genau hinzuschauen und diese Schülerinnen und Schüler vor Ausgrenzung, Aggression und Mobbing durch die anderen zu schützen.

Lehrpersonen können Beziehungen unter den Schülerinnen und Schülern aktiv gestalten. Es ist sogar Ihre Verantwortung, dafür zu sorgen, dass alle sich in der Klasse aufgehoben, geschützt und eingebunden fühlen und niemand Opfer von verbalen oder physischen Übergriffen der Mitschülerinnen und Mitschüler wird.

Dazu muss eine Lehrperson in der Klasse klar die Führungsrolle übernehmen. Gerade berufseinsteigenden Lehrpersonen fällt es zum Teil schwer, diese Rolle in der Klasse einzunehmen. Manche befürchten, eine klare Führung beeinträchtige die Beziehung zu den Schülerinnen und Schülern. Andere wiederum verzichten auf den Aufbau tragfähiger Beziehungen, weil sie irrtümlicherweise davon ausgehen, dies untergrabe ihre Autorität oder dafür bestehe aufgrund der Stoffdichte keine Zeit. Eine klare Klassenführung und eine positive pädagogische Beziehung sind allerdings kein Widerspruch, sondern gehen Hand in Hand. Die Lehrperson muss sich auf eine Beziehung zu ihren Schülerinnen und Schülern einlassen, und zwar authentisch als Mensch. Indem sie sich auf Beziehungen einlässt und sich in diesen Beziehungen offenbart, verliert sie keineswegs an Autorität, sondern gewinnt Beziehungsmacht. Eine emotional warme und vertrauensvolle Beziehung zwischen der Lehrperson und den Schülerinnen und Schülern steht nicht im Widerspruch zur Autorität der Lehrperson oder einer effektiven Klassenführung, sondern unterstützt diese. Lehrperson können durchaus Erwartungen an die Schülerinnen und Schüler richten und früh und niederschwellig auf unerwünschtes Verhalten reagieren. Sie sollten dies jedoch in einer respektvollen und emotional warmen Art tun und emotional kaltes, distanziertes, sarkastisches oder gar aggressives Verhalten wie Anschreien oder sarkastische Bemerkungen vermeiden. Denn solches Verhalten, selbst wenn es nur punktuell auftritt, unterminiert die Beziehung zwischen der Lehrperson und ihren Schülerinnen und Schülern.

Schließlich ist es wichtig, dass Lehrpersonen eine für beide Seiten produktive Erziehungs- und Bildungspartnerschaft mit den Eltern aufbauen. Wenn Kinder und Jugendliche merken, dass die Beziehung zwischen der Lehrperson und den Eltern gestört ist und zu Hause negativ über die Schule gesprochen wird, laufen selbst die bestgemeinten Bemühungen der Lehrperson ins Leere. Nur wenn Lehrpersonen und Eltern zusammenarbeiten und sich gegenseitig anerkennen, können für Kinder und Jugendliche optimale Erziehungs- und Entwicklungsbedingungen erreicht werden.

Entscheidend ist, dass es Lehrpersonen gelingt, eine Erziehungspartnerschaft mit den Eltern aufzubauen, in welcher sich alle Akteurinnen und Akteure bemühen, die Kinder und Jugendlichen optimal zu fördern. Dabei können auch unterschiedliche Wahrnehmungen, Ziele oder Erwartungen auftreten. Dies ist nicht zuletzt dadurch bedingt, dass Eltern und Lehrpersonen über das gleiche Kind oder das gleiche Thema sprechen, sie aber aufgrund ihrer unterschiedlichen Rollen teilweise andere Perspektiven einnehmen und unterschiedliche Ziele verfolgen.

Die Zusammenarbeit mit Eltern wird von vielen Lehrpersonen als herausfordernd erlebt. Sie sind mit einer wachsenden Vielfalt sozialer und kultureller Vielfalt der Schülerinnen und Schüler und ihrer Familien konfrontiert. Dabei können sowohl auf Seite der Lehrpersonen wie auch der Schülerinnen und Schüler sowie der Eltern Vorurteile entstehen. Hier ist es wichtig, dass sich Lehrpersonen bemühen, gegenüber dieser Verschiedenheit und Vielfalt eine unvoreingenommene Haltung einzunehmen, und sich mit der familialen, herkunfts- und milieuspezifischen Lebenssituation der Schülerinnen und Schüler vertraut machen. Wenn es Lehrpersonen gelingt, eigene Stereotype, Wert- und Normvorstellungen kritisch zu hinterfragen und sich möglichst vorurteilslos auf die Perspektive und Lebenssituation der Eltern einzulassen, kann eine Beziehung entstehen, die durch gegenseitige Achtung, Anerkennung und Vertrauen geprägt ist. Dabei müssen sich Lehrpersonen auch immer wieder vor Augen halten, dass die Eltern das Kind aus der Elternperspektive sehen, und sich die Frage stellen, was es bedeutet, Eltern eines Kindes zu sein, und dabei auf perspektivenbegründete Unterschiede empathisch reagieren. Wenn es uns gelingt, den Eltern klar zu machen, dass sowohl die Lehrperson wie auch die Eltern trotz möglicher Differenzen das gleiche Ziel anstreben, nämlich das Wohl der Kinder oder Jugendlichen, dann kann die Erziehungspartnerschaft gelingen.

Gleichzeitig hat die Lehrperson aber auch das Recht und die Pflicht, die Mitarbeit und Unterstützung der Eltern einzufordern und sich, wo nötig, für das Wohl der Kinder und Jugendlichen einzusetzen und kulturelle Werte zu vermitteln. Dabei sind sowohl die Eltern wie auch die Lehrperson manchmal vorerst in einer schwierigen Position. Die Lehrperson kennt die Erwartungen der Eltern nicht und kann beispielsweise nicht voraussetzen, dass diese mit dem lokalen Schulsystem vertraut sind. Möglicherweise haben die Eltern völlig andere Erfahrungen und Erwartungen an die Schule. Was für uns selbstverständlich oder selbsterklärend erscheint, kann für manche Eltern ein kultureller Schock sein. Wir müssen deshalb diese Eltern an die (neue) Schulkultur heranführen, zeigen, dass wir bereit sind, die Eltern und das Kind zu unterstützen, und auch klar machen, dass wir auf eine gelingende Erziehungspartnerschaft mit den Eltern angewiesen sind, damit sich Kinder und Jugendliche positiv entwickeln können.

Beziehungen können anregend und produktiv und manchmal auch anstrengend oder herausfordernd sein. Doch Beziehungen sind vital, denn erst sie machen uns zu Menschen.

Literatur

Abele, U. (2008). Die Schulklasse als Gruppe. In G. Bovet & V. Huwendiek (Hrsg.), *Leitfaden Schulpraxis. Pädagogik und Psychologie für den Lehrberuf* (5., überarb. und erw. Aufl.; S. 417–435). Berlin: Cornelsen.

Ahl, K. (2019). *Elterngespräche konstruktiv führen. Systemisches Handwerkszeug*. Göttingen: Vandenhoeck & Ruprecht.

Ahrens-Eipper, S. & Nelius, K (2009). *Mutig werden mit Til Tiger. Ein Ratgeber für Eltern, Erzieher und Lehrer von schüchternen Kindern*. Göttingen: Hogrefe.

Aich, G., Kuboth, C., Sauer, D. & Gartmeier, M. (2017). Das vielfältige Spektrum der Kooperation und Kommunikation zwischen Eltern und Lehrkräften – Zusammenschau und Perspektiven. In G. Aich, C. Kuboth, M. Gartmeier & D. Sauer (Hrsg.), *Kommunikation und Kooperation mit Eltern* (1. Aufl.; S. 184–188). Weinheim: Beltz.

Allport, G. W. (1954). *The nature of prejudice*. Cambridge: Addison-Wesley.

Alsaker, F. D. (2004). *Quälgeister und ihre Opfer. Mobbing unter Kindern – und wie man damit umgeht*. Bern: Huber.

Alsaker, F. D. (2017). *Mutig gegen Mobbing in Kindergarten und Schule*. Bern: Hogrefe.

Asch, S. E. (1951). Effects of group pressure upon the modification and distortion of judgment. In H. Guetzkow (Ed.), *Groups, leadership and men. Research in human relations* (pp. 177–190). Pittsburgh, PA: Carnegie Press.

Azun, S. (2017). Zusammenarbeit mit Eltern: Respekt für jedes Kind – Respekt für jede Familie. In P. Wagner (Hrsg.), *Handbuch Inklusion. Grundlagen vorurteilsbewusster Bildung und Erziehung* (4. Gesamtaufl.; S. 242–261). Wiesbaden: Springer.

Baker, J. A. (1999). Teacher-student interaction in urban at-risk classrooms: Differential behavior, relationship quality, and student satisfaction with school. *The Elementary School Journal, 100* (1), 57–70.

Bauman, S. & Del Rio, A. (2005). Knowledge and beliefs about bullying in schools: Comparing pre-service teachers in the United States and the United Kingdom. *School Psychology International, 26* (4), 428–442.

Baumeister, R. F. & Leary, M. R. (1995). The need to belong: Desire for interpersonal attachments as a fundamental human motivation. *Psychological Bulletin, 117* (3), 497–529.

Literatur

Bear, G. G. (2015). Preventive and classroom-based strategies. In E. T. Emmer & E. J. Sabornie (Eds.), *Handbook of classroom management* (2nd ed.; pp. 15–39). New York: Routledge.

Becker, F. (2016). *Teamarbeit, Teampsychologie, Teamentwicklung: So führen Sie Teams* (1. Aufl.). Berlin, Heidelberg: Springer.

Beitzinger, F., Leest, U. & Schneider, C. (2020). *Cyberlife III: Spannungsfeld zwischen Faszination und Gefahr. Cybermobbing bei Schülerinnen und Schülern. Dritte empirische Bestandsaufnahme bei Eltern, Lehrkräften und Schüler/-innen in Deutschland. Folgestudie von 2013 und 2017*. Karlsruhe: Bündnis gegen Cybermobbing e. V. Verfügbar unter: https://www.buendnis-gegen-cybermobbing.de/fileadmin/pdf/studien/Cyberlife_Studie_2020_END1_1_.pdf [letzter Zugriff: 12.05.2021].

Bilz, L., Schubarth, W. & Ulbricht, J. (2015). Der Umgang von Lehrkräften mit Schülergewalt und -mobbing: Ein Überblick über den Forschungsstand und Ausblick auf ein Forschungsprojekt. *Diskurs Kindheits- und Jugendforschung, 10* (1), 99–105.

Bilz, L., Steger, J. & Fischer, S. M. (2016). Die Identifikation von an Mobbing beteiligten Schülerinnen und Schülern: Zur Genauigkeit des Lehrerurteils bei der Wahrnehmung von täter- und opferbezogenem Verhalten. *Psychologie in Erziehung und Unterricht, 63* (2), 122–136.

Blumenthal, Y., Casale, G., Hartke, B., Hennemann, T., Hillenbrand, C. & Vierbuchen, M.-C. (2020). *Kinder mit Verhaltensauffälligkeiten und emotional-sozialen Entwicklungsstörungen. Förderung in inklusiven Schulklassen*. Stuttgart: Kohlhammer.

Brendgen, M., Vitaro, F. & Lamarche, V. (2005). In schlechter Gesellschaft – Beziehungen mit antisozialen Freunden und ihre Folgen. In. B. H. Schuster, H. P. Kuhn & H. Uhlendorff (Hrsg.), *Entwicklung in sozialen Beziehungen. Heranwachsende in ihrer Auseinandersetzung mit Familie, Freunden und Gesellschaf* (S. 109–127). Stuttgart: Lucius & Lucius.

Boivin, M., Dodge, K. A. & Coie, J. D. (1995). Individual-group behavioral similarity and peer status in experimental play groups of boys: The social misfit revisited. *Journal of Personality and Social Psychology, 69* (2), 269–279.

Borsch, F. (2018). *Kooperatives Lernen. Theorie, Anwendung, Wirksamkeit* (3., aktual. Aufl.). Stuttgart: Kohlhammer.

Brophy, J. (2006). History of research on classroom management. In C. M. Evertson & C. S. Weinstein (Eds.), *Handbook of classroom management: Research, practice, and contemporary issues* (pp. 17–43). Mahwah, NJ: Lawrence Erlbaum Associates.

Brück, N. (2019). *Geschwisterbeziehungen und Freundschaften. Kindliche Beziehungen als Entwicklungskontexte für Moral*. Wiesbaden: Springer.

Brüggen, F. (2007). Autorität, pädagogisch. *Zeitschrift für Pädagogik, 53* (5), 602–614.

Büch, H., Döpfner, M. & Petermann, U. (2015). *Soziale Ängste und Leistungsängste.* Göttingen: Hogrefe.

Bukowski, W. M. (2003). What does it mean to say that aggressive children are competent or incompetent? *Merrill-Palmer Quarterly, 49,* 390–400.

Calvert, K. & Calvert, A. (2021). *41 Bildkarten Philosophieren mit Kindern über Freundschaft.* Weinheim, Basel: Beltz.

Chance, M. R. A. & Larsen, R. R. (1976). *The social structure of attention.* London: Wiley.

Chang, M. (2009). An appraisal perspective of teacher burnout: Examining the emotional work of teachers. *Educational Psychology Review, 21,* 193–218.

Chen, L. M., Cheng, W. & Ho, H. C. (2015). Perceived severity of school bullying in elementary schools based on participants' roles. *Educational Psychology, 35* (4), 484–496.

Cillessen, A. H. N. & Rose, A. J. (2005). Understanding popularity in the peer system. *Current Directions in Psychological Science, 14,* 102–105.

Ciompi, L. (2016). *Die emotionalen Grundlagen des Denkens. Entwurf einer fraktalen Affektlogik.* Göttingen: Vandenhoeck & Ruprecht.

Cole, J., Cornell, D. & Sheras, P. (2006). Identification of school bullies by survey methods. *Professional School Counseling, 9* (4), 305–313.

Darley, J. M. & Gross, P. H. (1983). A hypothesis-confirming bias in labeling effects. *Journal of Personality and Social Psychology, 44* (1), 20.

Davis, H. A. (2003). Conceptualizing the role and influence of student-teacher relationships on children's social and cognitive development. *Educational Psychologist, 38,* 207–234.

Davidson, A. J., Gest, S. D. & Welsh, J. A. (2010). Relatedness with teachers and peers during early adolescence: An integrated variable-oriented and person-oriented approach. *Journal of School Psychology, 48,* 483–510.

Deci, E. L. & Ryan, R. M. (1985). *Intrinsic motivation and self-determination in human behavior.* New York, NY: Plenum.

Deci, E. L. & Ryan, R. M. (2014). Autonomy and need satisfaction in close relationships: Relationships motivation theory. In N. Weinstein (Ed.), *Human motivation and interpersonal relationships* (pp. 55–73). Dordrecht: Springer.

De Jong, R., Mainhard, T., van Tartwijk, J., Veldman, I., Verloop, N. & Wubbels, T. (2014). How pre-service teachers' personality traits, self-efficacy, and discipline strategies contribute to the teacher-student relationship. *British Journal of Educational Psychology, 84* (2), 294–310.

Deutsch, M. (1994). Constructive conflict resolution: Principles, training, and research. *Journal of Social Issues 50* (1), 13–32.

Dishion, T. J., Andrews, D. W. & Crosby, L. (1995). Antisocial boys and their friends in early adolescence: Relationship characteristics, quality, and interactional process. *Child Development, 66*, 139–151.

Dishion, T. J. & Dodge, K. A. (2005). Peer contagion in interventions for children and adolescents: moving towards an understanding of the ecology and dynamics of change. *Journal of Abnormal Child Psychology, 33* (3), 395–400.

Dishion, T.J. & Patterson, G.R. (2006). The development and ecology of antisocial behavior. In D. Ciccetti & D. Cohen (Eds.), *Developmental Psychopathology, Vol. 3, Risk, Disorder, and Adaptation* (pp. 503–41). New York: Wiley & Sons.

Dishion, T. J., Spracklen, K. M., Andrews, D. W. & Patterson, G. R. (1996). Deviancy training in male adolescent friendships. *Behavior Therapy, 27*, 373–390.

Dittes, J. E. & Kelly, H. H. (1956). Effects of different conditions of acceptance upon conformity to group norms. *Journal of Abnormal Social Psychology, 53*, 100–107.

Dodge, K. A. (1983). Behavioral antecedents of peer social status. *Child Development, 54*, 1386–1399.

Dodge, K. A., Coie, J. D., Pettit, G. S. & Price, J. M. (1990). Peer status and aggression in boys' groups: Developmental and contextual analyses. *Child Development, 61* (5), 1289–1309.

Doll, B., Zucker, S. & Brehm, K. (2004). *Resilient classrooms: Creating healthy environments for learning.* New York: Guilford Press.

Doyle, W. (1986). Classroom Organization and Management. In M. C. Wittrock (Ed.), *Handbook of Research on Teaching* (pp. 392–431). New York: Macmillan.

Dudziak, I., Niproschke, S., Bilz, L., Fischer, S. M., Oertel, L. et al. (2017). Häufigkeiten, Formen und Erfolg von Lehrerinterventionen aus Lehrer- und Schülersicht. In L. Bilz u. a. (Hrsg.), *Gewalt und Mobbing an Schulen. Wie sich Gewalt und Mobbing entwickelt haben, wie Lehrer reagieren und welche Kompetenzen sie brauchen* (S. 103–127). Bad Heilbrunn: Klinkhardt.

Dunkake, I., Kiechle, T., Klein, M. & Rosar, U. (2012). Schöne Schüler, schöne Noten? *Zeitschrift für Soziologie, 41* (2), 142–161.

Dusolt, H. (2018). *Elternarbeit als Erziehungspartnerschaft. Ein Leitfaden für den Vor- und Grundschulbereich* (4., überarb. Aufl.). Weinheim, Basel: Beltz.

Ecarius, J., Köbel, N. & Wahl, K. (2011). *Familie, Erziehung und Sozialisation* (Bd. 2, 1. Aufl.). Wiesbaden: VS Verlag für Sozialwissenschaften.

Einsiedler, W. (2017). Von Erziehungs- und Unterrichtsstilen zur Unterrichtsqualität. In M. K. W. Schweer (Hrsg.), *Lehrer-Schüler-Interaktion: Inhaltsfelder, Forschungsperspektiven und methodische Zugänge* (S. 267–287). Wiesbaden: Springer Fachmedien Wiesbaden.

Emmer, E. T. & Sabornie, E. J. (2015). Introduction to the second edition. In E. T. Emmer & E. J. Sabornie (Eds.), *Handbook of classroom management* (2nd ed.; pp. 3-12). New York: Routledge.

Evertson, C. M. & Weinstein, C. S. (2006). Classroom management as a field of inquiry. In C. M. Evertson & C. S. Weinstein (Eds.), *Handbook of classroom management: Research, practice, and contemporary issues* (pp. 3-16). Mahwah, NJ: Lawrence Erlbaum Associates.

Fölling-Albers, M. & Heinzel, F. (2007). Familie und Grundschule. In J. Ecarius (Hrsg.), *Handbuch Familie* (1. Aufl., S. 300-320). Wiesbaden: VS Verlag für Sozialwissenschaften.

Fend, H. (1998). *Eltern und Freunde. Soziale Entwicklung im Jugendalter.* Bern: Huber.

Fend, H. (2003). *Entwicklungspsychologie des Jugendalters. Ein Lehrbuch für pädagogische und psychologische Berufe* (3. durchgesehene Aufl.) Opladen: Leske und Budrich.

Fend, H. (2006). *Neue Theorie der Schule: Einführung in das Verstehen von Bildungssystemen.* Wiesbaden: VS Verlag für Sozialwissenschaften.

Fend, H. (2008). *Schule gestalten. Systemsteuerung, Schulentwicklung und Unterrichtsqualität.* Wiesbaden: VS Verlag für Sozialwissenschaften.

Festinger, L. (1950). Informal social communication. *Psychological Review, 57*, 271-282.

Friedman, I. A. (2006). Classroom management and teacher stress and burnout. In C. M. Evertson & C. S. Weinstein (Eds.), *Handbook of classroom management. Research, practice, and contemporary issues* (pp. 925-944). Mahwah, NJ: Lawrence Erlbaum.

Fuhs, B. (2007). Zur Geschichte der Familie. In J. Ecarius (Hrsg.), *Handbuch Familie* (1. Aufl.; S. 18-35). Wiesbaden: VS Verlag für Sozialwissenschaften.

Fuller, F. & Bown, O. (1975). Becoming a teacher. In K. Ryan (Ed.), *Teacher Education: 74th yearbook of the national Society for the Study of Education. Part 2* (pp. 25-52). Chicago IL: University of Chicago Press.

Gartmeier, M. (2018). *Gespräche zwischen Lehrpersonen und Eltern. Herausforderungen und Strategien der Förderung kommunikativer Kompetenz.* Wiesbaden: Springer.

Gasteiger-Klicpera, B. & Klein, G. (2016). *Das Friedenstifter-Training. Grundschulprogramm zur Gewaltprävention* (3. Aufl.). München: Ernst Reinhardt.

Ghaith, G. & Shaaban, K. (1999). The relationship between perceptions of teaching concerns teacher efficacy, and selected teacher characteristics. *Teaching and Teacher Education, 15*, 487-496.

Glasl, F. (2020). *Konfliktmanagement. Ein Handbuch für Führung, Beratung und Mediation* (12., aktual. und erw. Aufl.). Bern: Haupt.

Götze, D. A., Ziegenbalg, S. & Mälzer, Y. (2018). Förderung der emotionalen und sozialen. Entwicklung von Kindern im Anfangsunterricht der Grundschule. Zittau: Graphische Werkstätten.

Goffman, E. (1971). *Interaktionsrituale. Über Verhalten in direkter Kommunikation.* Frankfurt am Main: Suhrkamp [orig.: 1967 Interaction Ritual].

Gouldner, A. W. (1984). *Reziprozität und Autonomie: Ausgewählte Aufsätze.* Frankfurt am Main: Suhrkamp.

Granic, I. & Dishion, T. J. (2003). Deviant talk in adolescent friendships: A step toward measuring a pathogenic attractor process. *Social Development, 12,* 314–334.

Gumpel, T. P., Zioni-Koren, V. & Bekerman, Z. (2014). An ethnographic study of participant roles in school bullying. *Aggressive Behavior, 40* (3), 214–228.

Hagenauer, G., Hascher, T. & Volet, S. E. (2015). Teacher emotions in the classroom: Associations with students' engagement, discipline in the classroom and the interpersonal teacher-student relationship. *European Journal of Psychology of Education, 30* (4), 385–403.

Hamre, B. K. & Pianta, R. C. (2010). Classroom Environments and Developmental Processes. Conceptualization and Measurement. In J. L. Meece (Ed.), *Handbook of Research on Schools, Schooling and Human Development* (S. 25–41). New York: Routledge.

Harding, S., Morris, R., Gunnell, D., Ford, T., Hollingworth, W., Tilling, K. et al. (2019). Is teachers' mental health and wellbeing associated with students' mental health and wellbeing? *Journal of Affective Disorders, 242,* 180–187.

Hartup, W. W. (1996). The company they keep: friendships and their developmental significance. *Child Development, 67,* 1–13.

Hartup, W. W. (2005). Peer interaction: what causes what? *Journal of Abnormal Child Psychology, 33,* 387–394.

Hascher, T. & Hagenauer, G. (2011). Emotionale Aspekte des Lernens und Lehrens. In H. U. Grunder, K. Kansteiner-Schänzlin & H. Moser (Hrsg.), *Lehrerwissen kompakt. Grundlagen für die Aus- und Weiterbildung von Lehrerinnen und Lehrern. Bd. 2: Lehren und Lernen im Unterricht* (S. 127–148). Baltmannsweiler: Schneider Verlag Hohengehren.

Hattie, J. (2013). *Lernen sichtbar machen.* Baltmannsweiler: Schneider-Verlag Hohengehren.

Haun, D. B. & Tomasello, M. (2011). Conformity to peer pressure in preschool children. *Child development, 82* (6), 1759-1767.

Havighurst, R. J. (1972). *Developmental tasks and education* (3rd. ed.). New York: Longman.

Hawley, P. H. (1999). The ontogenesis of social dominance: A strategy-based evolutionary perspective. *Developmental Review, 19,* 97–132.

Hawley, P. H. (2002). Social dominance and prosocial and coercive strategies of resource control in pre-schoolers. *International Journal of Behavioral Development, 26*, 167–176.

Hayer, T., Scheithauer, H. & Petermann, F. (2005). Bullying: Schüler als Täter – Lehrer als Opfer?! In A. Ittel & M. von Salisch (Hrsg.), *Lügen, Lästern, Leiden lassen. Aggressives Verhalten von Kindern und Jugendlichen* (S. 237–255). Stuttgart: Kohlhammer.

Heinrichs, N. & Lohaus, A. (2011). *Klinische Entwicklungspsychologie kompakt. Psychische Störungen im Kindes- und Jugendalter*. Weinheim, Basel: Beltz.

Hektner, J. M. & Swenson, C. A. (2012). Links from teacher beliefs to peer victimization and bystander intervention: Tests of mediating processes. *The Journal of Early Adolescence, 32* (4), 516–536.

Helmke, A. (2017). *Unterrichtsqualität und Lehrerprofessionalität. Diagnose, Evaluation und Verbesserung des Unterrichts* (7. überarb. Aufl.). Seelze: Klett-Kallmeyer.

Helsper, W. & Hummrich, M. (2008). Arbeitsbündnis, Schulkultur und Milieu. Reflexionen zu Grundlagen schulischer Bildungsprozesse. In G. Breidenstein & F. Schütze (Hrsg.), *Paradoxien in der Reform der Schule. Ergebnisse qualitativer Sozialforschung* (S. 43–72). Wiesbaden: Springer.

Helsper, W. & Hummrich, M. (2014). Die Lehrer-Schüler-Beziehung. In C. Tillack, N. Fischer, D. Raufelder & J. Fetzer (Hrsg.), *Beziehungen in Schule und Unterricht* (Teil 1: Theoretische Grundlagen und praktische Gestaltung pädagogischer Beziehungen, S. 32–60). Immenhausen bei Kassel: Prolog.

Hennig, C. & Ehinger, W. (2014). *Das Elterngespräch in der Schule: Von der Konfrontation zur Kooperation* (7. Aufl.). Augsburg: Auer Verlag AAP Lehrerfachverlage GmbH.

Herzog, W. (2006). *Zeitgemäße Erziehung. Die Konstruktion pädagogischer Wirklichkeit*. Weilerwist: Velbrück Wissenschaft.

Hewstone, M. & Martin, R. (2014). Sozialer Einfluss. In K. Jonas, W. Stroebe & M. Hewstone (Hrsg.), *Sozialpsychologie* (6. Aufl.; S. 269–313). Berlin, Heidelberg: Springer.

Hillenbrand, C., Hennemann, T., Hens, S. & Hövel, D. (2018). *»Lubo aus dem All!« – 1. und 2. Klasse. Programm zur Förderung sozial-emotionaler Kompetenzen* (4. aktual. und erw. Aufl.). München: Ernst Reinhardt.

Honneth, A. (2000). *Das Andere der Gerechtigkeit*. Frankfurt am Main: Suhrkamp.

Honneth, A. (2003). *Kampf um Anerkennung: zur moralischen Grammatik sozialer Konflikte* (Sonderausg. zum 30jährigen Bestehen der Reihe Suhrkamp-Taschenbuch Wissenschaft). Frankfurt am Main: Suhrkamp.

Honneth, A. (2010). *Das Ich im Wir. Studien zur Anerkennungstheorie.* Frankfurt am Main: Suhrkamp.

Hughes, J. N. (2012). Teacher-student relationships and school adjustment: Progress and remaining challenges. *Attachment & Human Development, 14* (3), 319–327.

Humpert, W. & Dann, H.-D. (2012). *KTM kompakt. Basistraining zur Störungsreduktion und Gewaltprävention für pädagogische und helfende Berufe auf der Grundlage des »Konstanzer Trainingsmodells«* (2. Aufl.). Bern: Huber.

Hymel, S. & Swearer, S. M. (2015). Four decades of research on school bullying: An introduction. *American Psychologist, 70* (4), 293–299.

Jensen, E. & Jensen, H. (2016). *Schule braucht Beziehung. Gelungene Lehrer-Eltern-Gespräche.* Weinheim: Beltz.

John, N., Bilz, L., Fischer, S. M., Zeißig, A. & Wachs, S. (2020). Ergebnisse zu gesundheitlichen Einflussfaktoren. In N. John & L. Bilz (Hrsg.), *Kinder- und Jugendgesundheit in Brandenburg. Ergebnisse der HBSC-Gesundheitsstudie 2018 im Auftrag der WHO* (S. 93–145). Lengerich: Pabst Sciences Publishers.

Käsermann, M. L. & Foppa, K. (2002). Sprachproduktion im Gespräch. In T. Herrmann & J. Grabowski (Hrsg.), *Sprachproduktion* (Enzyklopädie der Psychologie; Bereich C, Serie III, Bd. 1). Göttingen: Hogrefe.

Kernis, M. H. & Goldman, B. M. (2006). A multicomponent conceptualization of authenticity: Theory and research. *Advances in Experimental Social Psychology, 38,* 283–357.

Kesselring, T. (2012). Humor. In T. Kesselring (Hrsg.), *Ethik. Handbuch für Pädagogen. Grundlagen und Praxis* (S. 328–329). Darmstadt: Wissenschaftliche Buchgesellschaft.

Kidger, J., Araya, R., Donovan, J. & Gunnell, D. (2012). The effect of the school environment on the emotional health of adolescents: a systematic review. *Pediatrics, 129* (5), 925–949.

Klassen, R. M., Perry, N. E. & Frenzel, A. C. (2012). Teachers' relatedness with students: An underemphasized component of teachers' basic psychological needs. *Journal of Educational Psychology, 104* (1), 150–165.

Klieme, E., Lipowsky, F., Rakoczy, K. & Ratzka, N. (2006). Qualitätsdimensionen und Wirksamkeit von Mathematikunterricht. In M. Prenzel & L. Allolio-Näcke (Hrsg.), *Untersuchungen zur Bildungsqualität von Schule* (S. 127–146). Münster: Waxmann.

Klieme, E., Pauli, C. & Reusser, K. (2009). The Pythagoras Study: Investigating effects of teaching and learning in Swiss and German mathematics classroom. In T. Janík & T. Seidel (eds.), *The power of video studies in investigating teaching and learning in the classroom* (pp. 137–160). Münster: Waxmann.

Klieme, E. & Rakoczy, K. (2008). Empirische Unterrichtsforschung und Fachdidaktik. Outcome-orientierte Messung und Prozessqualität des Unterrichts. *Zeitschrift für Pädagogik, 54* (2), 222–237.

Klinkhammer, J. & von Salisch, M. (2015). *Emotionale Kompetenz bei Kindern und Jugendlichen. Entwicklung und Folgen.* Stuttgart: Kohlhammer.

Klippert, H. (2019). *Teamentwicklung im Klassenraum. Bausteine zur Förderung grundlegender Sozialkompetenzen* (11., kompl. überarb. und aktual. Aufl.). Weinheim, Basel: Beltz.

Knierim, B., Raufelder, D. & Wettstein, A. (2017). Die Lehrer-Schüler-Beziehung im Spannungsfeld verschiedener Theorieansätze. *Psychologie in Erziehung und Unterricht, 64* (1), 35–48.

Kochenderfer-Ladd, B. & Pelletier, M. E. (2008). Teachers' views and beliefs about bullying: Influences on classroom management strategies and students' coping with peer victimization. *Journal of School Psychology, 46* (4), 431–453.

Krappmann, L. & Oswald, H. (1995). *Alltag der Schulkinder. Beobachtungen und Analysen von Interaktionen und Sozialbeziehungen.* Weinheim, München: Juventa.

Kronig, W. (2007). *Die systematische Zufälligkeit des Bildungserfolgs: theoretische Erklärungen und empirische Untersuchungen zur Lernentwicklung und zur Leistungsbewertung in unterschiedlichen Schulklassen.* Bern: Haupt.

Lanfranchi, A. (2013). Interkulturelle Kompetenz als Element pädagogischer Professionalität – Schlussfolgerungen für die Lehrerausbildung. In G. Auernheimer (Hrsg.), *Interkulturelle Kompetenz und pädagogische Professionalität* (S. 231–261). Wiesbaden: VS Verlag für Sozialwissenschaften.

Langmeyer, A., Guglhör-Rudan, A., Naab, T., Urlen, M. & Winklhofer, U. (2020). *Kindsein in Zeiten von Corona. Erste Ergebnisse zum veränderten Alltag und zum Wohlbefinden von Kindern.* Deutsches Jugendinstitut. Verfügbar unter: https://www.dji.de/fileadmin/user_upload/dasdji/themen/Familie/DJI_Kindsein_Corona_Erste_Ergebnisse.pdf.

Laursen, B., Finkelstein, B. D. & Betts, N. T. (2001). A developmental meta-analysis of peer conflict resolution. *Developmental Review 21,* 423–449.

Laursen, B., Hartup, W. W. & Koplas, A. L. (1996). Towards Understanding Peer Conflict. *Merrill-Palmer Quarterly 42* (1), 76–102.

Liston, D., Whitcomb, J. & Borko, H. (2006). Too little or too much: Teacher preparation and the first years of teaching. *Journal of Teacher Education, 57,* 351–358.

Mainhard, M. T., Brekelmans, M. & Wubbels, T. (2011). Coercive and supportive teacher behaviour: Within- and across-lesson associations with the classroom social climate. *Learning and Instruction, 21,* 345–354.

Literatur

Malinowski, B. (2001). *Argonauten des westlichen Pazifik: ein Bericht über Unternehmungen und Abenteuer der Eingeborenen in den Inselwelten von Melanesisch-Neuguinea.* Eschborn: Klotz [orig.: 1922].

Malti, T., Bayard, S. & Buchmann, M. (2016). Mitgefühl, soziales Verstehen und prosoziales Verhalten: Komponenten sozialer Handlungsfähigkeit in der Kindheit. In T. Malti & S. Perren (Hrsg.), *Soziale Kompetenz bei Kindern und Jugendlichen. Entwicklungsprozesse und Förderungsmöglichkeiten* (S. 53–71). Stuttgart: Kohlhammer.

McGrath, J. E. (1984). *Groups: Interaction and performance.* Englewood Cliffs, NJ: Prentice Hall.

McLaughlin, H. J. (1991). Reconciling care and control: Authority in classroom relationships. *Journal of Teacher Education, 42* (3), 182–195.

Messmer, H. (2003). *Der soziale Konflikt. Kommunikative Emergenz und systemische Reproduktion.* Stuttgart: Lucius & Lucius.

Mishna, F. & Alaggia, R. (2005). Weighing the risks: A child's decision to disclose peer victimization. *Children & Schools, 27* (4), 217–226.

Mishna, F., Scarcello, I., Pepler, D. & Wiener, J. (2005). Teachers' understanding of bullying. *Canadian Journal of Education, 28* (4), 718–738.

Molnar, A. & Lindquist, B. (2013). *Verhaltensprobleme in der Schule: Lösungsstrategien für die Praxis.* Dortmund: Borgmann.

Mummendey, A., Linneweber, V. & Löschper, G. (1984). Aggression: From act to interaction. In A. Mummendey (Ed.), *Social Psychology of Aggression* (pp. 69–106). Berlin: Springer.

Nicolaides, S., Toda, Y. & Smith, P. K. (2002). Knowledge and attitudes about school bullying in trainee teachers. *British Journal of Educational Psychology, 72* (1), 105–118.

Niproschke, S., Schubarth, W. & Bilz, L. (2017). Kompetent intervenieren. Ergebnisse einer Studie zum Lehrerhandeln bei Gewalt und Mobbing. *Forum Kriminalprävention, 17* (2), 14–21.

Nijstad, B. A. & Van Knippenberg, D. (2014). Gruppendynamik. In K. Jonas, W. Stroebe & M. Hewstone (Hrsg.), *Sozialpsychologie* (6. Aufl.; S. 439–467). Berlin, Heidelberg: Springer.

Obsuth, I., Murray, A. L., Malti, T., Sulger, P., Ribeaud, D. & Eisner, M. (2017). A non-bipartite propensity score analysis of the effects of teacher-student relationships on adolescent problem and prosocial behavior. *Journal of Youth and Adolescence, 46,* 1661–1687.

Oevermann, U. (1996). Theoretische Skizze einer revidierten Theorie professionalisierten Handelns. In A. Combe & W. Helsper (Hrsg.), *Pädagogische Professionalität. Untersuchungen zum Typus pädagogischen Handelns* (S. 70–183). Frankfurt am Main: Suhrkamp.

Olweus, D. (2004). *Gewalt in der Schule. Was Lehrer und Eltern wissen sollten - und tun können* (3., korr. Aufl.). Bern: Huber.

Ophardt, D. & Thiel, F. (2013). *Klassenmanagement. Ein Handbuch für Studium und Praxis.* Stuttgart: Kohlhammer.

Ostermann, B. (2016). *Erziehungs- und Bildungspartnerschaft zwischen Elternhaus und Schule. Eine kommunikative Herausforderung?* Weinheim, Basel: Beltz Juventa.

Patterson, G. R. & Yoerger, K. (1997). A developmental model for late-onset delinquency. In D. W. Osgood (Ed.), *Motivation and delinquency* (Vol. 44; pp. 119-177). Lincoln: University of Nebraska Press.

Pellegrini, A. D. & Bartini, M. (2000). An empirical comparison of methods of sampling aggression and victimization in school settings. *Journal of Educational Psychology, 92*, 360-366.

Petermann, F. & Koglin, U. (2013). *Aggression und Gewalt von Kindern und Jugendlichen. Hintergründe und Praxis.* Berlin, Heidelberg: Springer.

Petermann, F., Koglin, U. Natzke, H. & von Marées, N. (2019). *Verhaltenstraining in der Grundschule. Ein Programm zur Förderung emotionaler und sozialer Kompetenzen* (3., überarb. Aufl.). Göttingen, Bern: Hogrefe.

Petermann, F., Natzke, H., Gerken, N. & Walter, H.-J. (2016). *Verhaltenstraining für Schulanfänger. Ein Programm zur Förderung emotionaler und sozialer Kompetenzen* (4., aktual. Aufl.). Göttingen, Bern: Hogrefe.

Petermann, F. & Petermann, U. (2017). *Training mit Jugendlichen. Aufbau von Arbeits- und Sozialverhalten* (10., überarb. Aufl.). Göttingen, Bern: Hogrefe.

Petermann, F. & Wiedebusch, S. (2016). *Emotionale Kompetenz bei Kindern* (3., überarb. Aufl.). Göttingen: Hogrefe.

Pettigrew, T. F. & Tropp, L. R. (2006). A meta-analytic test of intergroup contact theory. *Journal of Personality and Social Psychology, 90*, 751-783.

Perren, S. & Alsaker, F. D. (2006). Social behavior and peer relationships of victims, bully-victims, and bullies in kindergarten. *Journal of Child Psychology and Psychiatry, 47* (1), 45-57.

Perren, S., Dooley, J., Shaw, T. & Cross, D. (2010). Bullying in school and cyberspace: Associations with depressive symptoms in Swiss and Australian adolescents. *Child and Adolescent Psychiatry and Mental Health, 4*, 28.

Petillon, H. (2017). *Soziales Lernen in der Grundschule - das Praxisbuch.* Weinheim, Basel: Beltz.

Peuckert, R. (2007). Zur aktuellen Lage der Familie. In J. Ecarius (Hrsg.), *Handbuch Familie* (1. Aufl., S. 36-56). Wiesbaden: VS Verlag für Sozialwissenschaften.

Pianta, R. C. (2006). Classroom management and relationships between children and teachers: Implications for research and practice. In C. M. Evertson

& C. S. Weinstein (Eds.), *Handbook of classroom management: Research, practice and contemporary issues* (pp. 685–709). Mahwah, NJ: Lawrence Erlbaum Associates.

Pianta, R. C., Hamre, B. & Stuhlman, M. (2003). Relationships between teachers and children. In W. M. Reynolds & G. E. Miller (Eds.), *Handbook of Psychology. Vol. 7: Educational Psychology* (pp. 199–234). Hoboken, NJ: Wiley & Sons.

Piontowski, U. (2011). *Sozialpsychologie. Eine Einführung in die Psychologie sozialer Interaktion.* München: Oldenbourg.

Praetorius, A.-K., Klieme, E., Herbert, B. & Pinger, P. (2018). Generic dimensions of teaching quality: the German framework of Three Basic Dimensions. *ZDM, 50* (3), 407–426.

Prengel, A. (2019a). *Pädagogik der Vielfalt. Verschiedenheit und Gleichberechtigung in Interkultureller, Feministischer und Integrativer Pädagogik* (4., um ein akt. Vorwort erg. Aufl.). Wiesbaden: Springer.

Prengel, A. (2019b). *Pädagogische Beziehungen zwischen Anerkennung, Verletzung und Ambivalenz* (2., überarb. Aufl.). Opladen: Barbara Budrich.

Prengel, A. (2019c). Pädagogische Beziehungen im Lichte der Kinderrechte. In H. Herrmann (Hrsg.), *Pädagogische Beziehungen. Grundlagen – Praxisformen – Wirkungen* (S. 73–81). Weinheim, Basel: Beltz Juventa.

Prengel, A. (2021). Der furchtbare Moment im Bildungsprozess. Elemente einer Theorie destruktiver pädagogischer Relationalität. In G. Hagenauer & D. Raufelder (Hrsg.), *Soziale Eingebundenheit. Sozialbeziehungen im Fokus von Schule und Lehrer*innenbildung* (S. 57–70). Münster: Waxmann.

Prengel, A., Tellisch, C., Wohne, A. & Zapf, A. (2016). Lehrforschungsprojekte zur Qualität pädagogischer Beziehungen. *Beiträge zur Lehrerinnen- und Lehrerbildung, 34* (2), 150–157.

Prinstein, M. J. & Wang, S. S. (2005). False consensus and adolescent peer contagion: Examining discrepancies between perceptions and actual reported levels of friend's deviant and health risk behaviors. *Journal of Abnormal Child Psychology, 33*, 293–306.

Rakoczy, K. (2006). Motivationsunterstützung im Mathematikunterricht. Zur Bedeutung von Unterrichtsmerkmalen für die Wahrnehmung von Schülerinnen und Schülern. *Zeitschrift für Pädagogik, 52* (6), 822–843.

Raufelder, D. (2018). *Grundlagen schulischer Motivation. Erkenntnisse aus Psychologie, Erziehungswissenschaft und Neurowissenschaften.* Opladen, Toronto: Verlag Barbara Budrich.

Reichenbach, R. (2007). Kaschierte Dominanz – leichte Unterwerfung. Bemerkung zur Subtilisierung der pädagogischen Autorität. *Zeitschrift für Pädagogik, 53*(5), 651–659.

Reichenbach, R. (2011). *Pädagogische Autorität. Macht und Vertrauen in der Erziehung.* Stuttgart: Kohlhammer.

Rheinberg, F. (2004). *Motivation.* Stuttgart: Kohlhammer.

Rißland, B. (2002). *Humor und seine Bedeutung für den Lehrberuf.* Bad Heilbrunn: Klinkhardt.

Ritter, M., Bilz, L. & Melzer, W. (2016). Schulische und außerschulische Unterstützung als Ressource für die psychische Gesundheit von Schülerinnen und Schülern. In L. Bilz, G. Sudeck, J. Bucksch, A. Klocke, P. Kolip, W. Melzer et al. (Hrsg.), *Schule und Gesundheit. Ergebnisse des WHO-Jugendgesundheitssurvey »Health Behaviour in School-Aged Children«* (Gesundheitsforschung, S. 181–199). Weinheim: Beltz Juventa.

Roorda, D. L., Koomen, H. M. Y., Spilt, J. L. & Oort, F. J. (2011). The influence of affective teacher-student relationships on students' school engagement and achievement: a meta-analytic approach. *Review of Educational Research 81* (4), 493–529.

Rosenthal, R. & Jacobson, L. (1974). *Pygmalion im Unterricht. Lehrererwartung und Intelligenzentwicklung der Schüler.* Weinheim: Beltz [orig.: 1968 Pygmalion in the classroom].

Röser, W. (2017). *Freundschaft & Konflikte. Differenzierte Materialien für den inklusiven Ethikunterricht.* Hamburg: Persen.

Saalfrank, W.-T. (2012). Erziehung zwischen Familie und Schule. In E. Kiel (Hrsg.), *Erziehung sehen, analysieren, gestalten* (S. 123–160). Bad Heilbrunn: Klinkhardt.

Sacher, W. (2013a). Differenzierende Elternarbeit. In W. Stange, R. Krüger, A. Henschel & C. Schmitt (Hrsg.), *Erziehungs- und Bildungspartnerschaften. Grundlagen und Strukturen von Elternarbeit* (S. 70–76). Wiesbaden: Springer Fachmedien.

Sacher, W. (2013b). Schülerorientierte Elternarbeit. In W. Stange, R. Krüger, A. Henschel & C. Schmitt (Hrsg.), *Erziehungs- und Bildungspartnerschaften. Grundlagen und Strukturen von Elternarbeit* (S. 77–82). Wiesbaden: Springer Fachmedien.

Sacher, W. (2014). *Elternarbeit als Erziehungs- und Bildungspartnerschaft. Gestaltungsvorschläge für alle Schularten* (2., vollst. überarb. Aufl.). Bad Heilbrunn: Verlag Julius Klinkhardt.

Sacher, W. (2018). »Bildungs- und Erziehungspartnerschaften – von wegen nur Rhetorik.« *Forum Erwachsenenbildung 1,* 46–47.

Sacher, W., Berger, F. & Guerrini, F. (2019). *Schule und Eltern - eine schwierige Partnerschaft. Wie Zusammenarbeit gelingt.* Stuttgart: Kohlhammer.

Sahli Lozano, C., Vetterli, R. & Wyss, A. (2017). *Prozesse inklusiver Schulentwicklung. Theoretische Grundlagen und Filmbeispiele aus der Praxis.* Bern: Schulverlag plus.

Salmivalli, C. (1999). Participant role approach to school bullying: Implications for interventions. *Journal of Adolescence, 22* (4), 453–459.

Salmivalli, C. (2010). Bullying and the peer group: A review. *Aggression and Violent Behavior, 15* (2), 112–120.

Sauer, D. (2017). Beratungs-, Rückmelde- oder Konfliktgespräch? – Von der Bedeutung verschiedener Gesprächsanlässe im Lehrer-Eltern-Gespräch. In G. Aich, C. Kuboth, M. Gartmeier & D. Sauer (Hrsg.), *Kommunikation und Kooperation mit Eltern* (1. Aufl.; S. 101–111). Weinheim: Beltz.

Scheithauer, H., Bondü, R., Hess, M. & Mayer, H. (2016). Förderung sozial-emotionaler Kompetenzen im Vorschulalter: Ergebnisse der Augsburger Längsschnittstudie zur Evaluation des primärpräventiven Programms Papilio (ALEPP). In T. Malti & S. Perren (Hrsg.), *Soziale Kompetenz bei Kindern und Jugendlichen. Entwicklungsprozesse und Förderungsmöglichkeiten* (S. 155–176). Stuttgart: Kohlhammer.

Scherzinger, M. (2018). *Konflikte zwischen verhaltensauffälligen Heimjugendlichen und ihren Interaktionspartnerinnen und -partnern. Einzelfallstudien zum Konfliktverhalten in der stationären Erziehungshilfe.* Weinheim, Basel: Beltz.

Scherzinger, M. (2020). Konflikte zwischen verhaltensauffälligen Jugendlichen und Fachkräften im Heim. *Unsere Jugend, 72* (2), 65–70.

Schilbach, L. (2015). Eye to eye, face to face and brain to brain: novel approaches to study the behavioral dynamics and neural mechanisms of social interactions. *Current Opinion in Behavioral Sciences, 3*, 130–135.

Schneewind, K. A. (2010). *Familienpsychologie* (3., überarb. und erw. Aufl.). Stuttgart: Kohlhammer.

Schneider, S. (2012). Entwicklungspsychopathologische Grundlagen. In S. Schneider (Hrsg.), *Angststörungen bei Kindern und Jugendlichen. Grundlagen und Behandlung* (S: 3–16). Berlin, Heidelberg: Springer.

Schneider, S. & Borer, S. (2007). *Nur keine Panik! Was Kids über Angst wissen sollten.* Basel: Karger.

Schneider, S. & Popp, L. (2020). *Emotionale Störungen und Verhaltensauffälligkeiten.* Göttingen: Hogrefe.

Schneider, S. & Seehagen, S. (2014). Angststörungen im Kindes- und Jugendalter. *Pädiatrie up2date, 9*, 355–368.

Schönbächler, M.-T., Herzog, W. & Makarova, E. (2011). »Schwierige« Schulklassen: Eine Analyse des Zusammenhangs von Klassenzusammensetzung und wahrgenommenen Unterrichtsstörungen. *Unterrichtswissenschaft, 39* (4), 310–327.

Schubarth, W. (2020). »Wir wollen wieder in die Schule« – Schule als sozialen Ort (wieder)entdecken. *Aus Politik und Zeitgeschichte (APUZ), 51.* Verfügbar unter: https://www.bpb.de/apuz/schule-2020/322688/schule-als-sozialen-ort-wiederentdecken [letzter Zugriff: 07.01.2022].

Schweer, M. K. W. (1997a). Eine differentielle Theorie interpersonalen Vertrauens – Überlegungen zur Vertrauensbeziehung zwischen Lehrenden und Lernenden. *Psychologie in Erziehung und Unterricht, 44*, 2–12.

Schweer, M. K. W. (1997b). Bedingungen interpersonalen Vertrauens zum Lehrer: Implizite Vertrauenstheorie, Situationswahrnehmung und Vertrauensaufbau bei Schülern. *Psychologie in Erziehung und Unterricht, 44*, 143–151.

Schweer, M. K. W. (2017). Vertrauen im Klassenzimmer. In M. K. W. Schweer (Hrsg.), *Lehrer-Schüler-Interaktion. Inhaltsfelder, Forschungsperspektiven und methodische Zugänge* (S. 523–545). Wiesbaden: Springer Fachmedien.

Schweer, M. K. W. & Padberg, J. (2002). *Vertrauen im Schulalltag. Eine pädagogische Herausforderung*. Neuwied: Luchterhand.

Schwer, M. K. W., Siebertz-Reckzeh, K. & Hake, R. (2021). Facetten und Konsequenzen von Vertrauen und Misstrauen in der pädagogischen Beziehung. In G. Hagenauer & D. Raufelder (Hrsg.), *Soziale Eingebundenheit. Sozialbeziehungen im Fokus von Schule und Lehrer*innenbildung* (S. 71–84). Münster: Waxmann.

Schweer, M. K. W. & Thies, B. (2000). Situationswahrnehmung und interpersonales Verhalten im Klassenzimmer. In M. K. W. Schweer (Hrsg.), *Lehrer-Schüler-Interaktion. Pädagogisch-psychologische Aspekte des Lehrens und Lernens in der Schule* (S. 59–78). Opladen: Leske & Budrich.

Seiffge-Krenke, I. & Schneider, N. F. (2012). *Familie – nein danke?! Familienglück zwischen neuen Freiheiten und alten Pflichten*. Göttingen: Vandenhoeck & Ruprecht.

Selman, R. L. (1984). *Die Entwicklung des sozialen Verstehens*. Frankfurt am Main: Suhrkamp.

Shantz, C. U. (1987). Conflicts between Children. *Child Development 58*, 283–305.

Siwek-Marcon, P. (2021). Klassenführung durch Beziehung: Effekte einer Intervention in relationalem Classroom Management während des Lehramtsstudiums auf die spätere Berufspraxis. In G. Hagenauer & D, Raufelder, (Hrsg.), *Soziale Eingebundenheit: Sozialbeziehungen im Fokus von Schule und Lehrer*innenbildung* (S. 207–222). Münster: Waxmann.

Smetana, J. G., Campione-Barr, N. & Metzger, A. (2006). Adolescent development in interpersonal and societal contexts. *Annual Review of Psychology, 57*, 255–284.

Smith, P. K., Mahdavi, J., Carvalho, M., Fisher, S., Russell, S. & Tippett, N. (2008). Cyberbullying: its nature and impact in secondary school pupils. *Journal of Child Psychology and Psychiatry, 49*, 376–385.

Spears, R. & Tausch, N. (2014). Vorurteile und Intergruppenbeziehungen. In K. Jonas, W. Stroebe & M. Hewstone (Hrsg.), *Sozialpsychologie* (6. Aufl.; S. 507-564). Berlin, Heidelberg: Springer.

Spilt, J. M., Koomen, M. Y. & Thijs, J. T. (2011). Teacher wellbeing: The importance of teacher-student relationships. *Educational Psychology Review, 23*, 457-477.

Stange, W. (2013). Präventions- und Bildungsketten – Elternarbeit als Netzwerkaufgabe. In W. Stange, R. Krüger, A. Henschel & C. Schmitt (Hrsg.), *Erziehungs- und Bildungspartnerschaften. Grundlagen und Strukturen von Elternarbeit* (S. 17-69). Wiesbaden: Springer.

Steiner, I. D. (1976). Task-performing groups. In J. W. Thibaut, J. T. Spence, J. & R. C. Carson (Eds.), *Contemporary topics in social psychology* (pp. 393-422). Morristown, NJ: General learning press.

Stipek, D. (2004). *Engaging schools: Fostering high school students' motivation to learn.* Washington, DC: National Academies Press.

Storch, H. (1978). *Unterrichtsbeobachtung in der Lehrerausbildung* (Dissertation), Universität Kassel.

Suldo, S. M., Friedrich, A., White, T., Farmer, J., Devon, M. & Michalowski, J. (2009). Teacher support and adolescents' subjective well-being: A mixed-methods investigation. *School Psychology Review, 38*, 67-85.

Suldo, S. M. & Huebner, E. S. (2006). Is Extremely High Life Satisfaction During Adolescence Advantageous? *Social Indicators Research, 78* (2), 179-203.

Tajfel, H. (1982). Social psychology of intergroup relations. *Annual Review of Psychology, 33*, 1-39.

Tajfel, H., Billig, M. G., Bundy, R. P. & Flament, C. (1971). Social categorization and intergroup behaviour. *European Journal of Social Psychology, 1* (2), 149-178.

Tenenbaum, H. R. & Ruck, M. D. (2007). Are teachers' expectations different for racial minority than for European American students? A meta-analysis. *Journal of Educational Psychology, 99*, 253-273.

Textor, M. R. (2006). Kompetenzen nutzen – Eltern in die pädagogische Arbeit einbinden. In M. R. Textor (Hrsg.), *Erziehungs- und Bildungspartnerschaft mit Eltern. Gemeinsam Verantwortung übernehmen* (S. 72-81). Freiburg: Herder Verlag.

Thies, B. (2014). Beziehungsgestaltung in der Schulklasse. Steigerung der Interaktionsqualität durch Vertrauen und Classroom Management. In C. Tillack, N. Fischer, D. Raufelder & J. Fetzer (Hrsg.), *Beziehungen in Schule und Unterricht* (Schriftenreihe »Theorie und Praxis der Schulpädagogik«, S. 188-209). Immenhausen: Prolog.

Thies, B., Uhde, G. & Hannemann, L. (2021). Classroom-Management-Kompetenzen für Lehrkräfte. Entwicklung und Evaluation eines Trainings zur Vorbereitung auf das Allgemeine Schulpraktikum. In G. Hagenauer & D. Raufelder (Hrsg.), *Soziale Eingebundenheit. Sozialbeziehungen im Fokus von Schule und Lehrer*innenbildung* (S. 175–188). Münster: Waxmann.

Tuckman, B. W. (1965). Developmental sequence in small groups. *Psychological Bulletin, 63*, 384–399.

Twenge, J. M., Baumeister, R. F., DeWall, C. N., Ciarocco, N. & Bartels, J. M. (2007). Social exclusion decreases prosocial behavior. *Journal of Personality and Social Psychology, 92*, 56–66.

Twenge, J. M., Baumeister, R. F., Tice, D. M. & Stucke, T. S. (2001). If you can't join them, beat them: effects of social exclusion on aggressive behavior. *Journal of Personality and Social Psychology, 81*, 1058–1068.

Ulich, K. (2001). *Einführung in die Sozialpsychologie der Schule*. Weinheim, Basel: Beltz.

Van Vugt, M. (2006). Evolutionary origins of leadership and followership. *Personality and Social Psychology Review, 54* (2), 143–178.

Veenman, S. (1984). Perceived Problems of Beginning Teachers. *Review of Educational Research, 54* (2), 143–178.

von Ameln, F. & Kramer, J. (2014). Soziometrie. In F. von Ameln & J. Kramer (Hrsg.), *Psychodrama: Grundlagen* (S. 187–203). Berlin, Heidelberg: Springer.

Wachs, S., Hess, M., Scheithauer, H. & Schubarth, W. (2016). *Mobbing an Schulen. Erkennen, handeln, vorbeugen*. Stuttgart: Kohlhammer.

Wachs, S. & Schubarth, W. (2021). Mobbing in der Schule. In T. Hascher, W. Helsper & T.-S. Idel (Hrsg.), *Handbuch Schulforschung*. Wiesbaden: VS Verlag für Sozialwissenschaften. Online first.

Wagner, U., Christ, O., Pettigrew, T. F., Stellmacher, J. & Wolf, C. (2006). Prejudice and minority proportion: Contact instead of threat effects. *Social Psychology Quarterly, 69*, 380–390.

Weinstein, C. S. (1998). »I want to be nice, but I have to be mean«: Exploring prospective teachers' conceptions of caring and order. *Teaching and Teacher Education, 14* (2), 153–163.

Wentzel, K. R. (2002). Are effective teachers like good parents? Teaching styles and student adjustment in early adolescence. *Child Development, 73* (1), 287–301.

Wentzel, K. R. (2010). Students' relationships with teachers. In J. L. Meece & J. S. Eccles (Eds.), *Handbook of research on schools, schooling, and human development* (pp. 75–91). New York, NY: Routledge.

Wentzel, K. R. (2012). Teacher-student relationships and adolescent competence at school. In T. Wubbels, P. den Brok, J. van Tartwijk & J. Levy (Eds.),

Literatur

Advances in learning environments research: volume 3. Interpersonal relationships in education: An overview of contemporary research (pp. 19–36). Rotterdam, Boston, Taipei: Sense Publishers.

Wentzel, K. R. & Wigfield, A. (2009). *Handbook of motivation at school.* New York: Routledge.

Wenzl, T. (2018). Die Lehrkraft als Repräsentant des Allgemeinen. Professionalisierungstheoretische Überlegungen jenseits der Spannung von Spezifität und Diffusität. *ZISU, 7,* 152–169.

Wettstein, A. (2008). *Beobachtungssystem zur Analyse aggressiven Verhaltens in schulischen Settings (BASYS).* Bern: Huber.

Wettstein, A., Bryjová, J., Faßnacht, G. & Jakob, M. (2011). Aggression in Umwelten frühadoleszenter Jungen und Mädchen. Vier Einzelfallstudien mit Kamerabrillen. *Psychologie in Erziehung und Unterricht, 58,* 1–13.

Wettstein, A. & Scherzinger, M. (2022). *Unterrichtsstörungen verstehen wirksam vorbeugen* (2. Aufl.). Stuttgart: Kohlhammer.

Wettstein, A., Scherzinger, M., Meier, J. & Altorfer, A. (2013). *Leben im Erziehungsheim – Eine Kamerabrillenstudie. Aggression und Konflikt in Umwelten frühadoleszenter Jungen und Mädchen.* Weinheim: Beltz.

Wettstein, A., Scherzinger, M. & Ott, A. (2020). Die Lehrperson als vernachlässigte Komponente der Mobbingforschung – Ein narrativer Forschungsüberblick. *Psychologie in Erziehung und Unterricht, 67,* 32–46.

Wettstein, A. & Schild, N. (2012). Deviante Gespräche unter Jugendlichen im Erziehungsheim. Eine explorative Videostudie. *Empirische Sonderpädagogik, 4,* 47–62.

Winkel, R. (2005). *Der gestörte Unterricht. Diagnostische und therapeutische Möglichkeiten.* Baltmannsweiler: Schneider Verlag Hohengehren.

Wubbels, T. & Brekelmans, M. (2005). Two decades of research on teacher-student relationships in class. *International Journal of Educational Research, 43,* 6–24.

Youniss, J. (1994). *Soziale Konstruktion und psychische Entwicklung.* Frankfurt am Main: Suhrkamp.

Youniss, J. & Smollar, J. (1985). *Adolescent Relations with Mothers, Fathers, and Friends.* Chicago: University of Chicago Press.

Zenk, U. & Gündoğdu, H. (2011). *Interkulturelle Kompetenz und praktische Integration.* Köln: Bildungsverlag Eins.